novum pro

Angela Schwab

ALLES AUS *meiner* HAND

novum pro

www.novumverlag.com

Bibliografische Information
der Deutschen Nationalbibliothek:

Die Deutsche Nationalbibliothek
verzeichnet diese Publikation in
der Deutschen Nationalbibliografie.
Detaillierte bibliografische Daten
sind im Internet über
http://www.d-nb.de abrufbar.

Alle Rechte der Verbreitung,
auch durch Film, Funk und Fernsehen,
fotomechanische Wiedergabe,
Tonträger, elektronische Datenträger
und auszugsweisen Nachdruck,
sind vorbehalten.

© 2022 novum Verlag

ISBN 978-3-99107-305-5
Umschlagfotos:
Andrii Zastrozhnov, Tatiana Nikitina,
Aleksandr Podoinitcyn | Dreamstime.com
Umschlaggestaltung, Layout & Satz:
novum Verlag
Autorenfoto: Angela Schwab

Gedruckt in der Europäischen Union
auf umweltfreundlichem, chlor- und
säurefrei gebleichtem Papier.

www.novumverlag.com

Liebe Leserin, lieber Leser

Ich habe eine kurze Botschaft an dich, bevor du dich ans Lesen machst: «Alles aus meiner Hand» war und ist ein Herzensprojekt für mich. Ich habe es inmitten von Hochs und Tiefs geschrieben, frei aus dem Herzen, roh und authentisch. Das zeigt sich auch darin, dass der Text grammatikalisch nicht fehlerfrei ist. Ich hoffe, dass dies dein Leseerlebnis nicht schmälert, und vor allem wünsche ich dir von Herzen, dass dich die Lektüre mit hineinnimmt in meine Welt. Und falls auch du schwere Zeiten, vielleicht auch eine Depression erlebst, sollst du darin erkennen: Du bist nicht allein und kannst gestärkt und geläutert aus diesem Tal hervorgehen.

Herzlich, Angela Schwab

Ich dachte ich hätte alles im Griff, aber es begann im Herbst 2016. Mir wurde zum dritten Mal der Job gekündigt, meine jüngere Tochter, die 2 ½jährig war, wurde an einem Tumor operiert. Kurze Zeit später wurde ihr eine Autismus-Spektrumsstörung diagnostiziert. 3 Monate später ging meine 18jährige Beziehung zu meinem Mann zu Ende:
Ich dachte, ich hätte alles unter Kontrolle, aber die Kontrolle verlor mich.

10.12.2015/14:15

Wer ist diese Frau die beim Laufen es immer so heilig hat, die immer so einen schnellen Schritt hat. Hat Sie diesen Laufgang von Ihrem Vater geerbt? Wer ist diese Frau die ganz viel zu erzählen hat, die mehrmals pro Woche joggen geht, manchmal auch im Dunkeln und die alleine unterwegs ist. Wer ist diese Frau, die entweder mit einem oder mit beiden Kindern einkaufen geht, die immer einen ernsten und traurigen Blick hat, die alles Drumherum genau anschaut und sich immer Fragen stellt? Alle diese Fragen kann ihr niemand beantworten.
Ich führe in Gedanken Selbstgespräche, und das tut mir gut, meistens. Ich bin alleine mit mir selbst und doch nie alleine. Gott ist bei mir, dieser Jesus ist in mir und über mir. Er ist wie ein Zweites Ich.

11.12.15/9:15

Diese Frau bin ich, schon seit 39 Jahren alt, immer noch dieselbe. Eigentlich wäre mein Name Ramona oder Natascia gewesen. Komisch nicht? Aber als im Spital diese Frage gestellt wurde war nur mein Vater anwesend. „Wie soll das Mädchen heissen?" Wurde ihm gefragt.
Heute denke ich aber dass Angela gar kein schlechter Name ist. Die Aussprache ist offen, man kann darüber philosophieren, aber der Name ist unverwechselbar. Da merkt man sofort dass das italienisch klingt.
Es war ein warmer Sommer, sagte meine Mutter. Es war abends um 19:50 als ich zur Welt kam. Im Juni 1976. Es wurde mir gesagt dass ich ein Wunschkind war. Daran habe ich meine Zweifel, aber das spielt heute keine Rolle

mehr. Es wurde mir auch gesagt ich sei ein pflegeleichtes Kind gewesen. Ich habe die Augenfarbe meines Vaters, grün-braun sind sie. Ja als Kind wollte ich immer wissen, welche Augenfarbe Kinder hatten, vielleicht weil ich mir selber blau gewünscht hatte. Ich konnte sogar erraten ob es ein Junge oder ein Mädchen wird, und komischerweise hatte ich immer Recht. Ja, ich wurde an einem Sommerabend im alten Spital in Grenchen geboren. In diesem Jahr wurden viele Mädchen geboren.
Mein Vater war ein netter Junge. Wenn ich seine Fotos anschaue denke ich, „also ich hätte den auch geheiratet!". Er wuchs in Süditalien aus einer armen Familie heran. Sein Vater, geboren mit kurzen Beinen, war ursprünglich reich, hatte viel Land und trug sogar einen Titel. Ja, so wie diese adligen die man heute in den Zeitschriften liest. Er hiess: „Don Bellucci". Er hiess Bellucci. Er heiratete meine Grossmutter Sofia. Sie war im Dorf bekannt weil sie ein sehr hübsches Mädchen war. Er war reich, alt, und Sie war jung und hübsch. Aber ds ist kein Märchen! So wurde mir das immer gesagt. Damals war sehr wichtig zu wissen aus welcher Familie man stammt und dass man einen guten Ruf hat. Mein Grossvater begann aber im Laufe seines Lebens zu trinken und verschuldete sich so sehr, dass er sein Land verlor. Seine Familie landete in Armut.
Mein Vater war das zweite von 4 Kindern. Er arbeitete auf dem Land. Einmal fand er ein kaputtes Velo und lerne alleine Velofahren. Er durfte zur Schule gehen, jedoch bis zur 3. Klasse. Heute kann er nur seine Unterschrift schreiben und schlecht lesen. Mein Vater ist ein

gütiger Mensch, ich liebe ihn sehr. Er zeigt seine Gefühle nicht, er hat es nie gelernt. Er ist offen für Neues, ist korrekt und immer loyal und würde niemandem etwas antun. Er hilft immer wo er kann, wurde deswegen auch viel ausgenutzt. Weil seine Familie so arm war und im Dorf keine Arbeit war, kam er 1975 in die Schweiz. Sein älterer Bruder war schon hier. Sehr viele Italiener kamen zu dieser Zeit nach Grenchen um Arbeit zu suchen. Seine erste Stelle war im Baugewerbe. Dann arbeitete er als Kranführer. Er heiratete meine Mutter am 10. Oktober 1975. Damals wurden viele Paare verkuppelt. So auch meine Eltern. Meine Mutter sah meinen Vater 2 oder 3 Mal, dann heirateten sie. Aber zum Glück war es Liebe! Denn auch das ist nicht selbstverständlich! Mein Vater war damals 25 Jahre alt und sehr hübsch. Alle im Dorf meiner Mutter sagten: „Ecco l'americano! (hier ist der Amerikaner).

Als er meine Mutter besuchte, war immer eine Person die die beiden kontrollierte. Sex vor der Ehe war sowieso verboten, denn damals war es so dass wenn man vor der Ehe mit jemanden Sex hatte, wäre das für die ganze Familie eine Schande gewesen. Kein Mann würde eine Frau heiraten die bereits mit einem anderen Mann geschlafen hatte. Es war sehr wichtig, dass DIE FRAU noch Jungfrau war. Und wenn nicht, woran erkennt man dass …

13.12.15
Meine Mutter wurde auf dem Land geboren, jedoch 3 Tage später auf der Gemeinde gemeldet. Das war damals oft so weil viele nicht immer die Möglichkeit hatten, ins Dorf

zu gehen. Der Esel war das häufigste Transportmittel zu dieser Zeit. Später kam dann das Auto (Cinquecento). Meine Mutter war das erste Kind von 3. Sie sagte mir einmal, dass vor ihr jedoch ein Junge unterwegs war. Meine Mutter spürte, dass sie nicht willkommen war. Ihr Vater, also mein Grossvater, war viele Jahre im Zweiten Weltkrieg gefangen gehalten. Danach arbeitete er in Deutschland, während meine Grossmutter die Kinder alleine grosszog. Heute macht es mich traurig zu wissen, dass ich die Geschichte meines Grossvaters nicht gut kenne. Er arbeitete bei der Volkswagen und brachte das Geld nach Hause. Meine Grossmutter war sozusagen alleinerziehend. Sie konnte weder lesen noch schreiben. Nach knapp zwei Jahren kam das zweite Kind auf die Welt, Ein Junge.

Ich erzähle diese Geschichte sogut ich kenne, und vor allem damit alle die Hintergründe besser verstehen.

Meine Mutter ging zur Schule und war lernfreudig, ehrgeizig und voller Emotionen. Ja, so wie Sie heute ist. Aber das erzähle ich dann später …
Nachdem Sie die 5. Klasse abschliess, war damals das letzte obligatorische Schuljahr, entschied meine Grossmutter sie nicht mehr in die Schule zu schicken. Der Grund war die Geburt des dritten Kindes. Meine Mutter hatte die Aufgabe, zum Kleinen zu schauen. Meine Grossmutter ging morgen früh auf das Land arbeiten. Sie sagte mir oft, sie wehrte sich gegen diesen Entscheid, und weinte eine Woche lang. Auch ihre Lehrerin versuchte das Gespräch mit meiner Grossmutter, jedoch ohne Erfolg.

Als meine Grossvater mehrmals jährlich zur Familie kehrte, durfte meine Mutter ein neues Kleid und neue Schuhe kaufen. Meine Mutter musste immer Kleider anziehen die ihr nicht gefielen, aber wenn dann mein Grossvater nach Hause kam, durfte Sie diese Kleider selber aussuchen und anziehen. Meine Mutter ist meinem Grossvater sehr ähnlich. Sie behauptet Sie wisse alles noch genau. Sie hat ein gutes Gedächtnis, übernimmt gerne die Macht und die Verantwortung. Auch darüber werde ich später erzählen. Meine Grossmutter war immer präsent, stark und liess sich nie unterordnen. Dazwischen entstand so etwas wie Hassliebe.

Mein Grossvater hatte viele Operationen und bekam sehr früh eine IV-Rente. Als er von Deutschland zurückkam, war das Zusammenleben mit meiner Grossmutter auch sehr schwierig. Mein Grossvater hatte den zweiten Weltkrieg erlebt, war in mehrere Länder gefangen gehalten. Zuhause kümmerte es sich um Lebensmittel und organisierte Vorräte, zuhause fehlte an nichts. Er und meine Grossmutter stritten viel. Was er kaufte war nie gut für Sie. Er war immer fröhlich und optimistisch, machte immer Witze und war immer aufgestellt. Meine Grossmutter war eher Einzelgängerin, wobei Sie den Kontakt zu den Nachbarn immer pflegte. Sie arbeitete auf dem Land. Entweder war die Zeit der Trauben Ernte, oder der Orangen/Zitronen Ernte oder der Oliven. Er gab immer zu Tun. Waschmaschinen gab es damals keine, also machte Sie die Wäsche an einem Brunnen. Ich erinnere mich gut, wo meine Grossmutter die Wäsche bügelte, mit heisser Kohle in einem Bügeleisen! Ich durfte aber nicht bügeln, es war zu heiss.

Meine Grossmutter sagte zu mir: „Du bindest meine Beine!". Sie musste auf mich schauen, stattdessen hätte Sie gerne im Quartier ihre Freundinnen besucht oder wäre gerne auf „die Campagna" gegangen. Sie war keine Hausfrau, aber Sie strickte stundenlang. Ich strickte auch, war zwischen 8 und 10 jährig. Wir strickten beide neben dem Kamin. Draussen war es kalt und die kalte Meeresluft dringte ins Dorf hinein. Ich liebte den Kamin. Ich werde diesen Geruch nie vergessen! Oft war mein Hund auch bei uns. Mein bester Freund. Er hiess Bricco, und ich liebe ihn noch heute.

15.12.15
Manchmal muss ich weinen, so wie jetzt, nur leider bekomme ich keine Erlösung. Es ist Dienstagmorgen und beide Mädchen sind weg. Vor kurzem hätte ich gleich die Jüngere zum Mond geschickt, denn Sie wollte nicht in die Spielgruppe gehen und überhaupt auch nicht dort bleiben. Meine Nerven sind so dünn geworden dass das für mich zuviel ist. Was bin ich für eine Mutter die sofort die Nerven verliert? Draussen ist es kalt, der nasse Nebel drückt auf meinem Kopf und auf meine Stimmung. Ich habe gebetet dass mein Gott mir wieder hilft und dass er all meine Taten segnet. Ich spüre es, wenn Sein Segen nicht da ist dann ist der Alltag härter und schwieriger. Ich hoffe dass ich bis 11 Uhr Ruhe habe, bevor die Spielgruppe zu Ende geht, damit ich Zeit für mich habe. Meistens gehe ich nach draussen wenn es mir schlecht geht. Ich halte es hier in der Wohnung nicht aus. Es erdrückt mich alles, und ich halte es nicht aus. Mein frühe-

rer Psychiater sagte mir einmal: „auch ich kann manchmal nicht alles ertragen, aber es gehört zum Leben dass man gewisse Dinge aushält". Was für eine Einstellung! Ich sage hier: ich halte gewisse Dinge nicht aus, und ich könnte schreien! Und ausserdem, ich bin nicht bereit es auszuhalten! Manchmal fahre ich auf der Autobahn mit meinem Auto Zig-Zag, und das ist befreiend. Manchmal höre ist so laut Musik im Auto dass ich denke, jetzt geht etwas kaputt! Oder ich singe mit den Tränen in den Augen, und das ist auch befreiend. Wer kennt das Gefühl? Habt ihr das manchmal auch? Ich gehöre nicht einem Muster, ich bin nicht kantig. Ich bin halbrund und ich fliesse so wie ich bin. Ich bin schräg, und so bin ich. Ich gehe joggen was andere Hausfrauen in meiner Gegend nicht tun. Ich gehe alleine Kleider kaufen, ich gehe alleine in die Damentoilette, was andere vielleicht nicht alleine machen. Ich sage vor anderen Müttern: „ich habe genug von meinem Kindern", ich wollte nie Kinder haben. Andere Mütter verstehen das nicht. Sie sprechen über schöne Erlebnisse und darüber, was ich Kind alles so kann. Ich rede nicht über meine Kinder. Irgendeinmal würden sie mich verlassen und dann? Was wird dann aus mir? Dann kann ich nicht mehr erzählen, was sie alles in meinem Leben gemacht haben. Ich erzähle, was ich in meinem Leben für mein Leben gemacht habe. Und wenn ich das nicht gemacht habe dann stehe ich da mit einer Leere die sowieso niemand mehr auffüllen kann. Vielleicht sitze ich im Auto neben einem Mann und habe nichts mehr zu erzählen, weil mein Leben sich immer auf das Leben meiner Kinder gedreht hat. Mein

Leben ist dann verloren gegangen, und niemand wird das merken. Der Mann der neben mir sitzt hat sowieso nichts von meinem Leben mitbekommen und ist vielleicht froh, dass FRAU über die Jahre hinweg alles organisiert hat. Er spürt nicht dass seine FRAU verloren gegangen ist. Das will ich nicht miterleben. Auf keinen Frau will ich zu diesen Frauen gehören die sich verloren haben. Auch nur deswegen weil ich eh keinen Mann habe. Mein Mann ist genau gestern vor dem Richter gesessen und ist verloren gegangen. Zwei Mal JA musste ich, nein Entschuldigung: JA durfte ich sagen, dann wurde die Scheidung ausgesprochen. Ja, 18 Jahre mit demselben Mann, 17 Jahre verheiratet. Jetzt ist dieser Mann weg, so wie meine Gefühle, vielleicht. Ich hatte nichts mehr zu sagen. Ich sass da wie ein Stein. Aber zwei Kinder bleiben noch. Aber auch sie werden ihren Weg machen, also bin ich trotzdem alleine. Ja, ich bin alleine mit meinem Leben, meinem Körper und meiner Seele. Sie gehört mir. Was mache ich jetzt damit?

15.12.15/18:30
Es ist schon hart nach Hause zu kommen und festzustellen, dass alles noch da steht wo ich es verlassen habe. Ja, nach Hause kommen mit den Händen voll Tragtaschen, verteilt nach Gewicht damit ich sie bis zum 5. Stock tragen kann. Auch die Mädchen müssen etwas tragen. Ja, mit der Hoffnung dass auch sie etwas tragen können. Die Erwartungen sind aber meistens zu hoch, denn so tollpatschig wie sie sind, stolpern sie auf ihre eigenen Füsse und lassen die Taschen am Boden fallen. Ja, ganz ohne Unfall geht das

meistens nicht, sodass ich mich entscheide, alles Mögliche selber hochzutragen. Verschwitzt und entnervt komme ich ans Ziel, in den 5. Stock, und lasse alles auf dem Boden fallen. Das befreit mich und tut meiner Wut gut.
Habt ihr auch schon einmal so schlecht auf eine Situation reagiert, dass ihr am liebsten möchtet in den Boden versinken? „Es darf einfach nicht wahr sein" aber so etwas ist mir von einer halben Stunde gerade passiert, und ich kriege es einfach nicht aus dem Kopf. Ich kann nur weinen, schon wieder! Was bin ich für eine Mutter die so reagiert wie ein Kind! Ich konnte mich nicht entschuldigen, und ich frage mich warum. Es war meine ältere Tochter. Sie streitete mit ihrer jüngeren Schwester und ich konnte es nicht aushalten. Das ist doch normal, oder? Aber selbst diese Kleinigkeiten beschäftigen mich den ganzen Tag. Warum kann ich nicht die Ruhe bewahren wenn zwei Geschwistern sich streiten? Vielleicht weil ich das selber nicht kenne weil ich ein Einzelkind bin.
Meine Hand ist geflogen. Die Tatsache zu sehen, wie mein Kind Tränen in den Augen hat, macht mich fertig. Es ist jetzt zwar vorbei, vermutlich hat sie es vergessen, aber Ich kann es nicht vergessen. Und es tut mir so leid. Ich kann nur weinen.

17.12.15 *(Brief)*
Liebe Tante (Vorname kann ich nicht erwähnen)
Ich habe Heute einen Brief von Dir erhalten. Du schreibst immer sehr nette Briefe, vor allem zu Weihnachten.
Leider hat mir Dein Brief so sehr geärgert dass ich es sofort vernichten musste. Vielleicht bis Du jetzt beleidigt, aber ich habe

gelernt auf meine Stimme zu hören. Ich handle gerade sehr emotional aber nur so respektiere ich meinen Willen. Ich möchte Dir und Deinem Mann sagen dass ich sehr enttäuscht von euch bin. Mein Mann und ich haben sehr schwere Zeiten durchgemacht. Wir sind jetzt geschieden, aber noch nicht ans Ziel angekommen. Wir haben zwei gemeinsame Kinder, und diese Kinder verbinden uns. Werden es auch immer tun. Diese Kinder gehören auch zur gleichen Familie, und ich finde es nicht mehr als korrekt wenn wir uns trotzdem ab und zu sehen könnten. Ich habe mein Leben noch nicht im Griff, in bin Ende September alleine mit den Mädchen umgezogen. Ich habe festgestellt, dass niemand, gar niemand, da ist wenn ich Hilfe brauche. Mein Mann wird nun jetzt seinen Weg machen. Ich war immer dabei und habe ihm beim Lernen sogut geholfen wie ich nur konnte. Jetzt bin ich alleine, alleinerziehend, krank und vor mir steht eine unsichere Zukunft bevor. Ich bin an zwei Kinder gebunden, bin stellenlos und kann für eine längere Zeit nicht mehr 100% ig arbeiten. Die Freunde, die ich hatte, haben mich verlassen. Alles was ich hatte ist weg. Gott ist aber bei mir, und hat erlaubt, dass ich in der Klinik neue Freunde kennenlernen durfte. Viele sind verloren gegangen, aber die ehrlichsten sind geblieben. Was ich dieses Jahr durchgemacht habe, möchte ich niemals mehr erleben. Vielleicht wisst ihr ja schon dass ich im Februar Selbstmord begangen habe. Ich habe soviele Tabletten geschluckt dass meine Leber ausgestiegen ist. Ich wollte nicht mehr leben. Dass die Kinder da waren, war mir egal. Einige Leute wissen was ich gemacht habe, und es wird erzählt. Aber sie kennen nicht die Wahrheit, denn die Wahrheit ist dort versteckt wo es dunkel ist.
Ich stehe da in einem Leben dass ich nie wollte, ich wollte doch nicht zu „denen" gehören die alleinerziehend sind? Ich wollte*

auch nicht zu „denen" Müttern gehören deren „Batterien" schon am Mittag leer sind? Und ich wollte auch nicht zu „denen" gehören die ständig jede Münze umdrehen müssen? Aber es ist so gekommen, und ich bin erleichtert. Wir hatten andere Vorstellungen was eine Beziehung ausmacht. Und dass eine Beziehung genährt werden muss, das wussten wir nicht genug. Ich stehe jetzt hier und schreibe diesen Brief, in einer Nacht, damit ich meine Gedanken loswerden kann.
Ich gehe davon aus dass meine Worte bei euch gut ankommen. Ich gehe davon aus, dass ihr mehr wisst als ich denke. Und ich stehe zu meinen Worten, auch wenn sie hart sind. Ich weiss in der Zwischenzeit bei welchen Leuten die Ehrlichkeit zuviel ist. Aber euch schätze ich nicht so ein.
Ich wünsche Euch von ganzem Herzen Freude und Ehrlichkeit zueinander. Das was man unterdrückt frisst uns auf, besser wir lassen es raus.
Ich schreibe momentan ein Buch und dort sind alle meine Gedanken erwähnt.

Alles Gute und Schöne Weihnachten!
Angela

22.12.15
Ich muss eine lustige Geschichte erzählen, eine Geschichte, die mich sehr beschäftigt. Eine ehemalige Klinikkollegin registrierte mich ein einem Chat weil sie dachte, ich sollte wieder neue Bekanntschaften machen. In der Tat meldeten sich dutzende von Männern, einige machten Komplimente, andere schickten mir irgendwelche Anfragen. Nach zwei Wochen dieses Hin-und Her löschte

ich meine Angaben. Ich fühlte mich aber dann schnell wieder einsam und diese Ungewissheit, dass vielleicht doch ein netter Mensch an mich interessiert wäre, wurde grösser und grösser. Somit registrierte ich mich erneut in das Chat. Ich wollte wieder in Mittelpunkt sein, und plötzlich andere Gedanken beschäftigten mich. Es wurde mich auch bewusst, dass es bei diesen Männern gar nicht wichtig war, ob eine Frau Kinder oder keine Kinder hat. Ich war verwirrt weil ich erzogen wurde, dass es doch eine grosse Rolle spielt wenn eine Frau Kinder hat oder nicht in einer Beziehung zu Männern. Ich war der Überzeugung, dass ich sowieso keine Change mehr auf eine neue Beziehung hatte. War sehr zurückhaltend und schüchtern bei den Anfragen. Sodass bald kein Mann mehr länger Geduld zeigte. Dann gab es plötzlich diesen Typ aus meiner Stadt, der immer wieder schrieb. Er behauptete, er müsse mich kennenlernen. Einmal meinte er ich soll zu ihm nach Hause gehen. Der Satz" Ich muss Dich sehen" tat mir gut, sodass wir einmal vereinbarten, uns an einem Sonntagnachmittag zu treffen. Ich freute mich irgendwie. Leider wurden beide Mädchen krank, sodass ich absagen musste.

Ich hatte den Eindruck, er sei sehr labil und empfindlich, jedoch so hartnäckig wie ein Kinn wenn er sein Spielzeug nicht bekommt. Mir wurde es mit der Zeit so intensiv dass ich den Kontakt mit ihm abbrach. Nach einer Woche kam seine Reaktion: „Warum hast Du das so gemacht?". Ich war überzeugt von meiner Entscheidung, gab ihm jedoch eine zweite Change. Heute muss ich gestehen, dass ich Mühe habe zu merken, wann genau ich Nein sagen soll.

Wir verabredeten uns zu einem Kaffee in der Nachbarsstadt. Vorher ging ich zum Friseur. Als ich fertig wurde, schrieb ich ihn, ich sei jetzt eben fertig. Da kam keine Antwort. Später, als ich zuhause ankommen war, wütend und enttäuscht, kam seine Antwort, er hätte verschlafen. Wie wichtig muss ich denn gewesen sein? Wenn ich eine Frau wirklich kennenlernen will, dann mache ich doch alles um sie zu treffen, oder nicht?

22.12.15
Gestern, bei meinem Psychiater, wusste ich nicht was erzählen. Ich weiss nicht ob das ein gutes oder ein schlechtes Zeichen ist. Ich musste richtige meine Worte herausholen, wie sonst nie. Mein Psychiater ist auch ein gläubiger Mensch, das heisst am Schluss der Therapiestunde machen wir immer gemeinsam ein Gebet. Er weiss dass es mir schlecht geht, denke ich, jedoch seine Hoffnungen helfen mir nicht weiter.

Auch ich bin ein gläubiger Mensch, vor zehn Jahren habe ich mich für Jesus entschieden. Er ist immer da, Tag und Nacht, nur ich weiss manchmal nicht wo ihn suchen! Während einer Geschäftsreise nach Deutschland, die 9 Stunden dauerte, kam ich im Gespräch betreffend den Glauben. Meine Faszination für das Okkulte bzw. für diese Horrorfilme konnte durch den Glauben überwunden werden. Ich bekehrte mich. In kurzer Zeit fand sogar mein jetziger Exmann fand zum Glauben. Das war für uns so eine klare Sache, wir hatten eindach keine Zweifel. Aber zurück zu meinem Psychiater, seine Bemerkungen waren so klar und unmissverständlich, ich hatte keine Grund nicht in den Sonntagsgottesdienst zu gehen, oder? Doch, ich lag lieber länger im Bett, wobei das ein Scherz war, denn meine Kinder holten mich immer früh genug morgens dass ich immer noch genug Zeit hätte gehabt! Wenn man an Gott glaubt, ist es selbstverständlich dass man an einem Sonntagmorgen in den Gottesdienst geht, oder nicht? Logisch vielleicht aber nicht wahrhaftig. Denn der Mensch weiss oder glaubt zumindest zu wissen was gut für ihn ist, setzt es aber nicht um. Ich wusste dass ein Besuch in den Gottesdienst gut für mich war, um geistliche Nahrung zu holen, ging aber nicht. Ich hatte viele andere Gründe um nicht zu gehen. Wäre ich doch gegangen, weiss ich, dass ich sofort hätte angefangen zu weinen. Ich wollte mich doch nicht blamieren! Ausserdem, will ich mein Gesicht nicht durch Tränen abschminken. Für mich kam das wie ein Vorwurf. Ich fühlte mich sofort zweitrangig, ich war plötzlich vor seinen Augen nicht mehr wichtig. Ich habe die traurige Erfahrung gemacht, dass bei vielen Gläubigen Leuten die Erwartung gross ist, dass man eben in den Gottesdienst geht. Wenn „Du das nicht machst, bist kein echter Christ mehr". Aber wer ist denn ein echter Christ? Heute stelle ich diese Frage nicht mehr.

Im Gespräch blieben wir dann auf eine oberflächlichen Ebene dass für mich nicht zufriedenstellen war. An diesem Samstag stritt ich auch mit meiner Coiffeuse über meine Haare. Ich hatte eine bestimmte Idee und es war mir in diesem Moment egal ob ich damit meine Haare schade oder nicht. Nach ca. 4 Stunden konnte ich wieder entspannt lachen weil ich das bekam was ich wollte. Kaum zu Hause, hatte ich das Gefühl, das Dach fällt mir auf dem Kopf. Also entschied ich, joggen zu gehen. Es war halb fünf abends, der Nebel drückte seine Feuchtigkeit auf meinen Kopf und ich konnte kaum noch die Strasse erkennen. Meine gestreckten Haare wurden wellig. Soviel zum Coiffeur Besuch.

23.12.15/17:30
Was haltet ihr von einer Person, die ihr gut kennt und auch gerne habt, wenn Sie sagt: „ich würde gerne mit Dir abmachen aber ich bin schon so voll mit Termine! Wir sind sogar doppelt vereinbart an Weihnachten dass es theoretisch gar nicht möglich ist. Aber wir könnten uns am 27. Dezember treffen, obschon ich wieder arbeiten muss. Das ist zwar die einzige Möglichkeit, weil am 26. Geht es gar nicht!". Was haltet ihr von einer solchen Situation? Solche Aussagen nerven mich sehr, am liebsten würde ich sagen: „Liebe …., wir vergessen doch diese Abmacherei, und treffen uns dann irgendeinmal im Januar".
Meine Meinung dazu ist ziemlich hart aber ich sage, entweder ist diese Person wichtig oder eben nicht. Und genau bei solchen Aussagen weiss ich wo mein Platz ist. Bestimmt nicht im Kreis dieser Familie. Das enttäuscht mich wieder einmal mehr und ich denke, wo ist bloss die Menschlichkeit geblieben?
Bei solchen Situationen antworte ich meistens so, und beruhigend gebe ich die Antwort: „mach dich doch keine Sorgen, es geht was geht, und wenn nicht, dann finden wir eine andere Lösung". Ausserdem geht es sowieso

um das Verteilen der Geschenke, also nicht um den Austausch. Das sind Gefälligkeiten, Verpflichtungen. Genau diese Verpflichtungen machen uns oberflächlich, können fast kein Gespräch führen und konzentrieren nur noch auf die Aufgaben. Wenn die Geschenke dann verteilt sind, fühlen wir uns erleichtert, aber im Herz nicht erlöst, nur befriedigt. Der Kopf sagt, jetzt ist es erledigt, das Herz spürt diese Leere, die wir nicht auffüllen können. Die Tage und die Wochen vergehen und bei der nächsten Feierlichkeit wiederholen wir alles noch einmal, als wäre es nie geschehen. Echte Freunde nehmen sich Zeit und Raum. Was am Schluss bleibt, ist der Mensch.

23.12.15/17:30
„Duesch du ihre zähn putze?" muss ich mich immer wieder anhören. Ich antworte dann nichts weil ich weiss, dass ich die Zähne meiner Kinder nicht mehr so konsequent putze. Warum eigentlich nicht? War ich nicht auch früher, wo ich noch mit meinem Mann zusammengelebt hatte, auch so ungenau? Eigentlich schon, muss ich zugestehen, aber jetzt, wo ich Alleinerziehend bin, werde ich von meiner Nachlässigkeit bewertet.
Solche Aussagen gehen direkt in mein Herz. Ich werde nicht mehr wütend, denn meistens prallen sie zurück. Sie lassen mich kalt, diese Vorwürfe tun mir nichts mehr, warum? Ich habe aufgegeben, mit dem Perfektionismus, ich koche 2 Menüs für die Kinder, ich koche für mich nichts. Ich bin nicht mehr perfekt bei der Wahl der Menüs, ich bin nicht mehr perfekt beim Putzen der Küche, beim Aufräumen der Kinderzimmer. Beim Bügeln bin

ich auch nicht mehr perfekt, trotzdem bügle ich immer wieder. Auch in meinem Kopf bin ich nicht mehr perfekt, ich mache meine Haare nicht perfekt, die Strähne stehen immer wild auf dem Kopf. Auch meine Augen sind nicht perfekt geschminkt und die Schatten der Müdigkeit treten hervor. Ich habe aufgegeben, meine Augenringe zu verdecken, meine Wimpern zu zupfen und meine Augenlieder heller zu schminken. Aber es gibt Ausnahmen, diese Momente wo ich innerlich rebelliere oder wütend auf mein Leben werde. Dann packt mir die Wut und ich putze alle Flecken von der Küche weg. Ich nehme Plastiksätze und räume alle Spielsachen weg oder ich platziere mich vor dem Spiegel und versuche meine Gesicht zu verschönern. Denn ich muss euch auch sagen, ich gefalle mir nicht, und das wird immer so bleiben. Mir gefallen meine Füsse nicht, die sind dick und der Zehennagel wurde von Anfang so schräg geschnitten dass sie nicht schön wachsen. Meine Hände sehen verbraucht aus, meine Fingernägel sind immer so dünn dass ich sie regelmässig selber schneide. Ich kriege auch immer wieder diese weissen Flecken auf den Nägeln. Meine Schultern haben Pigmentschäden von einem Sonnenbrand bekommen, Meine Hüfte und mein Po sind vom ewigen Joggen kleiner geworden und meine Beine sehen aus wie zwei Stöcke. Meine Brüste sind geschrumpft, stört mich zwar nicht gross, hängen aber ein bisschen, und das gefällt mir auch nicht. Meine Augenfarbe ist undefinierbar grünbraun. Ein Mann sagte mir einmal meine Augenfarbe sei wie Ebenholz. Mir gefällt meine Augenfarbe nicht, aber diesen Ausdruck dass sie eben Ebenholzfarbig sind, werde ich auch nie vergessen, irgendwie konnte mir das trösten. Meine Nase ist gerade und lang und meine Lippen sind so dünn dass man sie suchen muss. Das Schlimmste sind meine Haare. Sie sind spröd und wild. Machen immer alles mit. Ich gehe joggen ohne Kopfbedeckung und sie machen jede Temperatur mit. Kein Wunder dass sie so aussehen. Bei jedem Coiffeurbesuch muss ich mir anhören ob ich Medikamente nähme oder warum dass meine Haare so trocken sei. Ich habe aufgegeben zu antworten weil meine Haare so sind wie sie sind. Sie sind einfach dunkelbraun und sind wellenartig. Ich habe mir immer glatte Haare gewünscht. Meine jüngere Tochter hat so glatte Haare dass jeder Haarschmuck wegrutscht. Von anderen Körperteilen will ich hier nicht darüber reden. Es ist ein Glück dass ich nicht genug Geld habe ansonsten hätte ich schon gewisse Sachen korrigiert. Meine Zähne standen jahrelang schräg. Vor einigen Monaten konnte ich durch eine aufwändige Zahnkorrektur meine Zahnstellung korrigieren. Ich musste mehrere Monate lang eine Zahnspange tragen.

Es ärgert mich dass ich nicht perfekt sein kann. „Du musst perfekt sein" Wurde mir in meiner Jugendzeit ständig gesagt. Ich musste mein leeres Jogurt Becher sofort entsorgen und ihn nicht einfach in der Küche herumliegen lassen. Aber wem mache ich einen Gefallen wenn ich alles perfekt mache? Gibt es jemanden, der mich kontrolliert wenn ich „ungenau" lebe? Als Alleinerziehende wurde ich besonders damit konfrontiert. In der Schule wissen nicht alle dass ich getrennt von meinem Mann lebe, und

falls etwas mit der älteren Tochter geschieht, dann heisst es „Sie ist allein und hat nicht mehr alles im Griff". Die Hausaufgaben müssen kontrolliert werden, Wer macht es falls ich es nicht mache? Also ich bin nicht perfekt für die Aussenwelt. Aber nicht nur die Hausaufgaben, sondern die Kleidung, die Pflege und die allgemeine Unterstützung gehört zu meinen Verpflichtungen. Ist die Tochter nicht schön angezogen, hat verkehrte Socken an oder ihre Haare sind verklumpt, dann ist die Mutter sofort nicht perfekt. Egal, ob ich Alleinerziehend bin oder nicht. Es liegt an mir.
Manchmal habe ich das Gefühl diese Erwartungen erdrücken mich, alles, aber einfach alles! Morgens aufstehen, trotz dass ich keine Kraft habe, ich fühle mich schwer wie ein Sack vollem Sand. Wer macht Frühstück am Morgen, wer ruft die Kinder aus dem Bett wenn ich nicht aufstehe? Wer kontrolliert ob der Schulrucksack bereit ist, wer sagt dem Kind dass es regnet und Regenstiefeln anziehen soll. Wer räumt die Milchtassen aus dem Tisch weg? Ja, es ist manchmal so erdrückend dass ich entfliehen möchte. Ich möchte mich befreien. Ja, ich werde mich befreien. Irgendwann.

26.12.15/16:30
Ist es heute eigentlich frech wenn man die eigene Meinung äussert? Wie falsch gewickelt sind gewisse Leute die unsere Meinung nicht annehmen können? Oder vielleicht bin ich falsch gewickelt, vielleicht liege ich so falsch aber ich habe mich entschieden, dass ich mich wehren werde. Dass ich laut sagen kann, was mich nicht passt zu diesem

Zeitpunkt oder was mir persönlich nicht passt. Und da kommt plötzlich diese Antwort, in meinem konkreten Fall gar keine Antwort! Ich weiss schon, manchmal sind spontane Entscheidungen besser als geplant, und ich als echte Italienerin kenne das sehr gut. Man geht einfach jemanden besuchen ohne Voranmeldung. Während der Feiertage ist das normal, man hat genug Lebensmitteln zuhause dass man bei Spontanbesuchen auftischen kann. Aber hier in der Schweiz habe ich gelernt, besser vorsichtig und im Voraus zu planen als plötzlich aufzutauchen. Ein gutes und originelles Beispiel hatte ich heute. Ich kam gerade vom Joggen als das Telefon klingelte. Ein spontaner Besuch um Weihnachtsgeschenke vorbeizubringen. Wieder das alte Schema der Verpflichtung. Ich antwortete spontan und ziemlich brüsk, sagte dass ich alleine war und die Kinder eh nicht bei mir wären. Normalerweise will ich niemanden verletzen, aber in diesem Augenblick hatte ich das Gefühl, doch zu nahe getreten zu sein. Ich hatte einfach keine Lust auf Besuch.

Jedoch Heute Abend freue ich mich irgendwie. Ich bin bei meinem ex-Mann eingeladen. Ich fühle mich entspannt weil sowieso alles vorbei ist. Es sind keine Gefühle dabei, nur eine Gelassenheit die ich nicht beschreiben kann. Unsere Ehe dauerte solange, ganze 17 Jahre. Aber die ganze Anstrengung war zuviel, es ist gekommen wie es kommen sollte.
Ich habe mich schön angezogen, habe einen Rock und Stiefeln angezogen, die ich sonst nie tragen würde. Ich weiss immer noch nicht warum ich Rock und Stiefeln

angezogen habe, ich weiss aber dass meinem ex-Mann Rock und Stiefeln immer gefallen haben. Ich habe eine neue Bluse angezogen und die wilden Haare so gelassen wie sie sind. Ich akzeptiere mich. Ich habe ein komisches Gefühl im Bauch. Ich bin also doch nervös, als wäre das die letzte Nacht. Die Wohnung ist sauber und aufgeräumt, die Waschmaschine läuft. Ich fühle mich einsam. Ich sollte meiner lieben Freundin zurückrufen, aber zum ersten Mal spüre ich keine Lust dazu. Ich hoffe irgendwie dass sie es verstehen wird.

7.1.16/9.55
Diese Frau habe ich letztes Jahr im Frühling hier in der Klinik kennengelernt. Am Anfang war ich sehr distanziert, Sie ist gross und hübsch und hat grüne Augen. Sie besetzte das Bett von meiner Zimmernachbarin die soeben nach einigen Wochen nach Hause ging.
Sie trug Kleider, schöne Kleider, die ich sonst in keinem meiner Läden sah. Sie war still, schrieb immer wieder auf einem Buch und wir redeten nur das Nötigste. Dann aber, nach drei Tagen, fragt ich Sie: „Bist Du gläubig?". „Ja, warum?", kann die direkte Frage. Ich hatte die ganze Zeit das Gefühl dass uns etwas verbinden würde.
Das war genauso. Als ich ihr diese Antwort gab, „verliebte" ich mich in Sie. Endlich hatte ich das Gefühl, jetzt bin ich angekommen. Ab sofort redeten wir über Jesus. Sie erzählte mir von ihren Erlebnissen, und ich von meinem Leben. Und wenn wir draussen sassen, redeten wir immer wieder. Über die Depression, über den Glauben. Ich habe eine wunderbare Zeit mit ihr verbracht. Diese

dauerte wenige Wochen, vielleicht nur drei. Wir lachten viel. Während dieser Zeit konnte ich nicht weinen, ich war blockiert. Wir sangen zusammen, und wir fanden es lustig über die Pflegerin zu lästern und auf die hänseln, die uns jeden Morgen um 6.50 im Zimmer reinkam um uns zu wecken. Ihre Stimme war unverwechselbar. Dann aber merkte Sie, dass Sie Ruhe brauchte, und zog sich in ein Einzelzimmer zurück. Ich war tief bedrückt, aber weil ich Sie so gerne bekommen hatte, war mir klar, dass Sie mehr Distanz brauchte. Ihre respektierte Ihre Entscheidung. Sie hatte Zeit gefunden, sich im Gebet mit Gott zu versöhnen, zu beten und darin zu wachsen. Ihre Veränderung war gross.

Ich blieb auf der Strecke. Ich ging in mich hinein. Zuerst meine Zimmernachbarin ging fort, dann Sie. Plötzlich musste ich weinen, und mir kam das wie ein Déjà-vu. Als Kind trennten mich meine Eltern von meinem Umfeld und fuhren mit dem Zug nach Italien. Meine Kindergarten Gspänli blieben hier. Dann, Jahre später, von Italien zurück erlebte ich das nochmals. Natürlich kann ich das Ungeschehen machen, aber diese Gefühle sind geblieben, und ich kann sehr mühsam mich an andere Leute zuwenden. Die Sehnsucht kam stärker, und ich war alleine in der Schweiz.

Von dieser Frau, die ich in der Klinik kennenlernte, bekam ich ein Geschenk. Es ist ein Engel aus Holz. Der Engel bläst in einer Trompete. Als ich dieses Geschenk bekam wusste ich was das für mich bedeutet. Ich schrieb mit Filzstift folgendes:

**Ich rufe für Alle von weit und fern
Und ich sage euch:
Kommt her zu mir alle, die ihr
Mühselig und beladen seid, denn
Ich werde euch erquicken!**

Dieser Bibelvers geht direkt in mein Herz.
Matth. 11:28
Danke Susanne!

Meine Wohnung ist leer. Ich fühle mich so einsam. Ich vermisse meine zwei Töchtern, gestern Abend konnte ich sie doch noch so fest knuddeln, und die Kleine hatte so riesen Freude. Trotzdem ist mein Leben so leer, ich starre hinaus in den Nebel, in diese Leere. Ich hasse diese Gegend, ich hasse diese Stadt.
Das Telefon hat innerhalb von einer halben Stunde dreimal geklingelt. Wer konnte es wohl gewesen sein? Meine Eltern aus Italien, die immer aus Kontrolle anrufen, schon ein Leben lang kontrollieren sie mich weil sie mir nichts anvertrauen.
Ich möchte einfach meine Ruhe haben, einfach einschlafen und nie mehr aufwachen. Ich will keine Termine haben, keine Verpflichtungen nachgehen, keine Aufgaben und auch niemand der auf mich wartet.
Ich liebe doch meine Kinder, aber ich kann auch ohne sein. Ich gehe jetzt lieber nach draussen. Mache mir bereit, dusche und gehe nach draussen. Die Gefahr alle meine Tabletten zu schlucken ist zu gross. Für diejenigen, die das nicht kennen, das habe ich dieses Jahr schon zweimal gemacht.

Ich liebe einen Mann, und diese Gefühle bringe ich nicht weg. Sie machen mich fertig, sie machen mich müde. Ich kann sie nicht löschen.

Jetzt zittern meine Hände, habe ein Paar Tabletten genommen, aber nicht viele. Ich möchte ein anderes Leben, und nicht immer mit traurigem Blick den Tag organisieren. Dieser Mann ist Arzt, war mal mein Psychiater! Er sagte mir, dass wir uns unmöglich privat treffen könnten. So habe ich das akzeptiert, wie eigentlich alles in meinem Leben. Ich hoffe dass ich ihn vergessen kann. War nur drei Monate bei ihm in Behandlung, dann aber merkte ich dass es mir doch zu nahe geht, also wechselte ich den Arzt.

Wenn ich Männer sehe, die ihm gleichen, dann bleibt mein Herz stehen und meine Beine werden wackelig. Anstatt zu vergessen bete ich für ihn. Ist denn das echte Liebe?

Ich bin Alleinerziehend, muss mit meiner Depression den Alltag meistern und gleichzeitig eine Liebe vergessen? Das geht nicht, da bin ich überzeugt. Es ist mir ein wenig schlecht und ich bin nervös. Ich möchte alles vergessen und zusammenklappen.

2.1.16/11:0
Hallo ihr lieben, ich bin wieder da. Ich bedaure es, denn ich hoffte es könnte es klappen mit Sterben. Aber zum dritten Mal dieses Jahres hat das nicht funktioniert. Wollt ihr wissen was genau passiert ist? Es war der Sonntagmorgen, der 27. Dezember, als dieser Druck zu gross für mich wurde. Um 11 Uhr morgens habe ich zuerst eine

Benocten genommen, um schläfrig zu werden. Danach habe ich regelmäßig zwei bis drei Tabletten Cymbalta geschluckt. Ich wusste nicht dass dieses Medikament, dass Duloxetin beinhaltet, mich aufmuntern würde anstatt müde zu machen. Hätte ich vorher besser wissen müssen! Bis zwei Uhr nachmittags von diesem Sonntag habe ich regelmässig zwei Cymbalta geschlückt Ich war erstaunlicherweise wach im Geist. Meine Füsse und meine Hände begannen an, kalt zu werden. Dann waren sie eiskalt und ich ging zu Bett um warm zu bekommen. Ich konnte mich aber nicht mehr bewegen. Dann wurde mir plötzlich schwindlig und schwach im ganzen Körper sodass ich keinen Schritt mehr machen konnte. Ich wollte aber trotzdem die Wohnungstüre offen lassen sodass sie nicht aufbrechen werden musste. Ich bewegte mich frühzeitig zur Eingang Türe und drehte den Schloss nach links, danach warf ich mich regelrecht auf das Bett und wartete, bin ich ohnmächtig werde. Jedoch begann mein Herz so fest zu rasen dass ich dachte, ich bekomme einem Herzinfarkt. Kurz daraufhin bekam ich Mühe mit dem Atem und entschloss ich mich, meinem Psychiater anzurufen. Ich wollte sterben, aber im Schlaf, und nicht auf diese unangenehme Weise. Drei Versuche aber mein Psychiater war nicht erreichbar. Warum denn auch, es war ein Sonntagnachmittag. Dann probierte ich nach Bern anzurufen zu meiner Ansprechperson. Ich hatte noch Ihre Telefonnummer. Ich wollte diese Ärztin sprechen, die mich im Gespräch filmte. Das Bürotelefon klingelte in die Leere, keine Umleitung war da. Mein Atem wurde so schwer dass ich es schaffte, den Notfall anzurufen.

„Wollen Sie sich etwas antun?", fragt mir eine männliche Stimme. Ich konnte nur bejahen. Ich hatte keine Luft mehr. Plötzlich kamen die Sanitäten in die Wohnung rein, riefen nach meinem Namen, ich konnte nicht mehr reden. Es war nicht so schlecht. Sie nahmen meinen eiskalten Händen und gaben mir sofort eine Infusion. „Jetzt wird es Ihnen gleich besser gehen", sagten sie, Aber ich konnte nicht mehr antworten. Ich war kurz davor mir zu übergeben. Sie gaben etwas in die Infusion rein und plötzlich war die Übelkeit weg. Ich bin enttäuscht, sehr sogar weil ich alles mitbekommen habe. Ich weiss noch sehr genau wie es noch war, als ich die Schlaftabletten im Winter 2015 genommen habe. Ich spürte langsam wie ich ohnmächtig wurde. Das war ein unglaubliches Gefühl, einfach so langsam abzutreten und die Kontrolle zu verlieren. Ich bin auf dem Boden gefallen in einem tiefen Schlaf, und erst Stunden später in der Notaufnahme wieder aufgewacht.

Jetzt hingegen bin ich mit dem Sanitäter zu Fuss die Treppe meines Wohnhauses hinuntergelaufen. Er zog mir die Schuhe an, hieb die Infusion und ich stieb in den Krankenwagen. Meine Pupillen waren riesengross. So gross dass man Angst kriegte, ich zumindest, als ich mich zwei Stunden später in den Spiegel anschaute.

5.11.16/10:00
Jetzt bin ich hier. In diese Klinik, in derselben Klinik wie vor einem halben Jahr. Nichts hat sich verändert, nur ich habe mich verändert. Ich merke wie still ich geworden bin. Ich habe keine Lust zu erzählen, keine Lust weil ich

müde bin wieder von mir zu erzählen. Habe das Gefühl, das Rad dreht sich um mich herum und ich spüre keine Veränderung. Ich habe keine Lust zu reden, warum denn auch? Ich sitze hier vor meinem Kaffee und hoffe, dass ich bald wieder wach werde. Das Fenster neben mir ist offen, es kommt kalte Luft hinein in die Cafeteria. Ich geniesse es aber, es ist mir nicht kalt. Vor zehn Minuten ging ich zu meinem Arzt. Ich wollte ihm meine Gefühle erklären. Während ich sprach hat sich sein Gesichtsausdruck nicht verändert. Es beschäftigt mich sehr dass ich diese Gefühle so stark spüre. Vor einem Jahr, als ich ihn das erste Mal sah, blieb mein Herz stehen. Plötzlich so. Kann denn so etwas einfach geschehen? Mein Hausarzt wollte dass ich meine Schlafprobleme in den Griff bekomme und verwies mir zu einem Schlafspezialisten. Der schickte mir weiter zu diesem Psychiater. Dieser Psychiater stand kurz vor seiner Fachprüfung zur Psychiatrie. Seine Erscheinung war gepflegt, er war etwa in meinem Alter, und trug einen 3-Tage-Bart. Später stellte ich fest, dass es Mode war diesen 3-Tage-Bart zu haben. Letztes Jahr habe ich meine 2-monatige Therapie bei ihm abgebrochen weil es mir zu nahe ging, und jetzt sitze ich vor ihm. Ich veröffentliche ihm meine Gefühle. Ich war so nervös wie ein Kind dass seine Mutter ein Geschenk verheimlichen muss. Meine Hände zitterten und ich musste den Satz mehrmals korrigieren. Sein Gesichtsausdruck war kontrolliert, ich sah keinerlei Gefühle herauskommen. Ich war zutiefst enttäuscht von seiner Reaktion, aber verstand sein Ansichtspunkt. Ich besitze eine gewisse Menschenkenntnis und eine gewisse

Lebenserfahrung die mir hilft, in solchen Situationen den Entscheid anderer besser zu verstehen. Ich verstehe seine Antwort, natürlich verstehe ich seine Antwort. Habe ich denn sonst eine Wahl? Soll ich mich an seine Arme springen? Ja, ein Wunder hätte ich mir gewünscht; ein Lächeln; eine Umarmung; eine Antwort wie: „Ich empfinde auch etwas für Sie". Wäre das geschehen, hätte ich weiss nicht was gemacht. Aber eins weiss ich, meine Depression wäre in diesem Moment verschwunden. Brauche ich denn nur Liebe und dann bin ich gesund?
Aber wer will mich schon, ich bin Alleinerziehend und krank. Wer will sich schon mit mir einlassen, sicher nicht ein Arzt! Der noch so hübsch und erfolgreich ist wie er. Niemand hat Interesse an mir, mit meiner Vorgeschichte, mit zwei Kindern noch?
Ich bin erledigt, ich fühle mich leer, genauso leer wie vor einem Jahr, als ich hier war.
Zwei Kinder brauchen eine gesunde Mutter. Eine Mutter, die mit ihnen spielt, die weiss, wo ihre Spielsachen sind. Eine Mutter die es schafft, es nie langweilig werden zu lassen. Sachen unternimmt und die auch andere Kinder einlädt, und es genug Abwechslung gibt. Meine Kinder brauchen all das, und auch eine Mutter die mit ihnen zusammen im Bett liegt damit sie ruhiger einschlafen. Eine Mutter die pünktlich aufsteht und Frühstück macht. Eine Mutter die frisch gebügelte Wäsche bereit hart und die Kinder hübsch anzieht. Ja, hübsch und gepflegt müssen sie sein, denn schliesslich wissen alle dass ich alleinerziehend bin. Ich bin alleinerziehend, perfekt angezogen, immer mein Gesicht dezent und genau geschminkt. Mei-

ne Haare regelmässig gestylt, damit niemand auf die Idee kommt, hier mangelt es an Geld. Ja, ich habe genug Geld dass ich ruhig schlafen kann. Und niemand weiss wie es mir geht da ich immer lächle. Und wenn ich es doch nicht schaffe, zu lächeln, dann verschwinde ich schnell, dort wo sich die Mütter treffen, auf dem Pausenplatz, dort, wo die Kinder abgeholt werden oder dort, wo eingekauft wird. Ich verschwinde schnell, und niemand weiss wie es mir im Herzen geht. Auch nicht mein beahndelter Psychiater, der mich nicht angerufen hat weil ich hier in der Klinik bin, auch er kennt mein Herz nicht.

Ich schreibe und es tut gut, und das empfehle ich jedem. Schreiben ist meine Therapie. Auch nicht meine Eltern wissen wie es mir geht. Sie kennen mich gar nicht, und das weil ich es nicht zulasse. Aber ich weiss natürlich auch warum. Ich beschütze mich, wovon? Das weiss ich nicht, noch nicht.

Ich habe es noch nicht herausgefunden.

Wisst ihr eigentlich dass ich in Süditalien aufgewachsen bin? Das habe ich noch nicht erzählt. Das werde ich jetzt nachholen.

In Grenchen wurde ich geboren. Als ich neun Monate alt war, brachte mich meine Mutter in die Kita. Ich fing dort an zu reden. Die Nonnen waren die Betreuerinnen und die Tagesstätte war voll mit Kleinkindern, vor allem aus Italien.

Ich begann dort „mamma" zu sagen. Meine Mutter war 26 Jahre alt und arbeitete in der Uhrenindustrie. Damals musst sie in Akkord arbeiten und die Erschöpfung kam sehr schnell. Sie wurde vom Arzt krankgeschrieben und blieb zuhause. Sie war viel im Bett, hatte keine Nerven und schrie mich oft an. Als ich einmal vom Kindergarten mit Läusen nach Hause kam war sie so überfordert dass sie so fest weinte dass ich Angst bekam. Wir gingen zur Apotheke und sie schruppte so fest an meinen Haare, dass wir beide weinten. Wir wohnten in einem Wohnhaus im vierten Stock ohne Lift. In dieser Wohnung wohnte noch jemand mit uns, ein Geist, den ich jede Nacht in meinem Zimmer sah. Nicht alle glauben daran, aber tagsüber spürte ich immer dass mir irgendjemand verfolgte, nachts sass in mein Zimmer ein Mann auf einem Stuhl. Er drehte den Rücken zu mir sodass ich nie sein Gesicht sah, aber ich spürte eine unglaubliche Angst in mir. Ich konnte mir vor Angst kaum im Bett bewegen. Ich war 5 oder 6 Jahre alt. Meine Mutter war zu dieser Zeit schon sehr krank. Sie erlebte merkwürdige Sachen in dieser Wohnung. Aber niemand sagte mir etwas. Ich weiss nur dass sie Kopfschmerzen und viel im Bett lag.

7.1.16/9.15
Wer ist diese Frau die nachts nicht schlafen kann, die sich mit dem Kissen herumschlägt und die ihre Träume nicht loswird? Ja, die kommen schon wieder und hören nicht auf, ich wache auf, drehe mich um, nochmal, und nochmal, dann kurz eingeschlafen und plötzlich, die Träume sind wieder da. Die Geschichte geht weiter wie in einem Film, und es ist keine angenehme Geschichte, sondern irgendeine Situation die ich vergessen möchte. Loswer-

den kann ich sie nicht. Nach drei Stunden werde ich geweckt vom Pflegepersonal und die Leere kommt wieder auf mich. Die Leere im Kopf und die Leere im Herz. Es wird mir bewusst der Tag fängt an, ich höre das Herumlaufen im Korridor, die nächste Schicht fängt gerade an. Das Tratschen der Frauen, meine Zimmerkollegin wälzt sich im Bett, dann schnarcht sie weiter. Mein Körper fühlt wie versunken in einem Fluss, vollgeladen mit Gewicht, ich kann mich kauf bewegen. Ärgere mich mit meinem Kissen, der die Form nicht so behält wie ich will. Was mache ich da? Wie geht es weiter, was meint ihr? Meine Zimmerkollegin steht auf und geht frühstücken. Ich bleibe im Bett, und bleibe auf mein schlechtes Gewissen. Ich sollte doch aufstehen. „Du musst perfekt sein", sagte mir meine Mutter oft. Warum fühle ich mich nicht perfekt? Ich stehe dann auf wenn alle schon fertig gefrühstückt haben und bereit auf den Spaziergang sind. Dann gehe ich alleine einen Kaffee trinken.

Ich komme mir vor als würde ich etwas Verborgenes machen, ja, ich komme mir vor als würde ich stehlen oder so. Nur weil ich nicht zur Gruppe gehöre. Ich schäme mich wenn ich mich einen Kaffee in die Tasse einschenke. Zu dieser Zeit ist nur die Putzfrau in diesem Raum. Ich bin nicht mehr perfekt, ich sage kein Wort, ich grüsse Sie nicht und ich schaue Sie nicht an. Ich bin einfach still. Gestern Abend, als meine Augen vor Müdigkeit so klein geworden waren, musste ich mit der Pflegeperson ein Gespräch führen. Ich bekam das Gefühlt, ich wäre da nicht mehr willkommen. Warum denn überhaupt? Ich mache nicht mit, ich stehe nicht rechtzeitig auf und ich gehe nicht unter den Leuten. Ich habe keine Lust zu reden. Versteht das jemand?

8.1.16/9:20

Guten Tag Herr Psychiater
Ich schreibe diese Zeile damit ich das, was ich Ihnen zu sagen habe, auch richtig ausdrücken kann. Gestern habe ich mich entschieden und ich fühle mich wohl damit. Ich werde Ihnen meine Geschichte anvertrauen mit der Gewissheit, dass Sie meine Worte nicht und niemanden weitererzählen. Das gehört nicht zu einem Protokoll, denn das was ich sage berührt mein Herz so stark dass ich weinen muss dabei.
Jedes Mal wenn ich diesen Mann sehe, bleibt mein Herz stehen. Dann fühle ich mich wie erfroren und mein Herz fängt an zu humpeln. Aber zum Glück ist das nur ein Augenblick, ich laufe weiter und verstecke mein Gesicht, nach einem schwachen Gruss fahre ich fort dort wo ich eben hin wollte. Ich vertraue Ihnen dieses Gefühl an das mich plagt sein November 2014, als ich ihn zum ersten Mal im Ambulatorium sah. Ich weiss ganz genau als ich nach der Therapie nach Hause fuhr, spürte ich Schmetterlinge im Bauch. Aber heute, nach so vielen Monaten, schmerzt das so sehr dass ich dieses Gefühl verdrängen muss, und der Versteckt tut weh. Ich lasse es niemandem anmerken, aber ich explodiere fast unter diesem Gefühl. Ich meine es ist doch logisch, oder, dass wenn eine Liebe die nicht gegenseitig entsteht zu einer Qual wird? Habt ihr auch so etwas erlebt? Ich wünsche das niemandem, auch nicht meinen Feinden. Ich habe zwar keine. Dieses Gefühl kann

ich „ernähren" mit Musik, das mein Herz berührt, dann kommen aber Tränen auf. Und dann bleibe ich eine ganze Stunde in meinem Auto sitzen und höre diese Musik. Und dann wird es stärker und der Druck auf mein Herz wird so unerträglich dass ich schreien könnte. Tue ich doch nicht, oder, ihr wisst, ich bin ein Kontrollfreak. Aber dieser Gefühlsausdruck wandelt sich zu Aggression und ich reisse an meine Haare bis es dann schmerzt. Niemand kann das verstehen, aber ich versinke in diese Traurigkeit, in diesem Elend. Ich weine und weine und kann mich fast nicht mehr erholen.

Herr Doktor, Sie müssen wissen dass ich tiefe Gefühle für diesen Mann empfinde und ich nicht weiss wie ich damit umgehen kann.

Ich ging zu ihm, diese Woche, für zehn Minuten, stand in seinem Büro. Ich sagte ihm, dass meine Gefühle nicht erloschen sind. Er fuhr dann fort, so wie letztes Jahr. „Das wird schon aufwärts gehen, Sie haben nur einen Knick in der Kurve, aber Sie haben es doch geschafft? Doch so vieles haben Sie geschafft, oder?". Damit meinte er wohl den Umzug alleine mit den Kindern und den Alltag. Ich musst ihn jedoch abblocken und sagte: „Wissen Sie, haben Sie das Gefühl dass meine Gefühle für Sie in der Zwischenzeit weg sind?" Er antwortete: „Ich gehe davon aus ja".

„Nein, sagte ich, meine Gefühle sind immer noch da, sie sind nicht verschwunden, Tag und Nacht, und immer wieder denke ich an Sie".

Dann wollte ich schon gehen, sagte aber zum Schluss: „Meinen Sie, eine Pflanze geht kaputt mit der Zeit, aber die Wurzeln sind immer noch tief im Boden. Die Wurzeln bleiben noch da".

Ich sah ihn an, sein Gesichtsausdruck war starr, vielleicht ist er wirklich so ein kalter Mensch, aber aus deinem kontrollierten Gesicht konnte ich kein Hoffnungsschimmer sehen.

Jetzt ist es vorbei, ich habe ihm meine Gefühle „offenbart". Ich fühle mich erleichtert, mehr kann ich nicht mehr beitragen.

Diese Gefühle bleiben in meinem Herzen, und vermischen sich mit dem Rest der Gefühle die mich sonst schon plagen. Ich spüre einen Klumpen in meinem Herzen, so eine Traurigkeit, so eine Leere, und meine Umgebung sieht das nicht. Ja, weil ich mich so gut verstecken kann, jedes Mal. Warum muss ich alles verstecken? Warum muss ich alles verstecken? Weil ich es gut gelernt habe. Und ich weiss, dass nur Jesus meine Lücke auffüllen kann. Nur er kann mir trösten, wer sonst?

9.1.16/15:30
Heute Nachmittag habe ich Besuch bekommen. Eine liebe Frau, die ein paar Monate vorher bei mir zuhause arbeitete. Sie half mir den Haushalt machen. Leider aber war dieser Einsatz für mich zu teuer. Welche andere Freundin würde für mich weinen? Ich war so überfordert dass ich auch weinen musste. Nicht vor meinen Eltern, die gestern plötzlich in der Klinik auftauchten, sondern bei einer „fremden" Person konnte ich meine Gefühle zeigen. Was ist denn los mit meinen Gefühlen? Wem ist es

schon einmal vorgekommen dass man bei der falschen Person die richtigen Gefühlen zeigen kann? Vielleicht weil es mir bewusst geworden ist das mir diese vermeintlich „falsche" Person mein Herz berührt hat. Ja, Sie ist für mich wie eine ältere Schwester geworden. Ich fühlte mich geborgen, verstanden. Sie konnte meine Gefühle verstehen und machte mir sogar Mut. Sie sagte zu mir: „Komm, wir gehen zusammen an die Uni studieren!", das wiederholte Sie mehrmals.
Sie kannte meinen innersten Wunsch, studieren zu gehen. Ich habe Sie so gerne bekommen dass ich Sie sogar meinen Eltern vorziehe. Ihr fragt euch sicher; „Wie meinst Du das?"
Es gar folgende Situation. Ich wurde vom Pflegepersonal gerufen dass soeben Besuch für mich da wäre. Als ich hinausging sah ich meine Eltern zu mir kommen, unangemeldet. Sie hatten die Weihnachten in Süditalien verbracht und standen plötzlich beide da, vor mir. Sicherer Schritt, mit einem Plastiksatz voller Mandarinen und Süssgebäck aus Süditalien. Welcher Besuch hat in diesem Moment mein Herz berührt? Was glaubt ihr? Ich habe beide meine Eltern umarmt, wie immer, mein Herz fühlte sich kalt an, ich spürte nichts. Ich sage meistens wenig und zeige keinen Ausdruck. Ich weiss nicht wie, aber ich weiss warum.
Es gab ein kurzes Gespräch zwischen meinen Eltern und diese Frau, die gleichzeitig auftrafen. Diese Frau hatte Ihren Besuch bei mir am Vortag schon gemeldet. Ich hätte Sie jedoch trotzdem vorgezogen, hätte ich das nicht gewusst.

Das tut weh, aber ich empfinde nichts zu diesem Besuch. Sollte ich ein schlechtes Gewissen haben? Vielleicht, aber ich respektiere meine Eltern, alles, was sie tun oder getan haben, verstehe ich. Sie konnten nicht anders. Ich habe das verstanden.

10.1.16 / 14:00

Ich wurde bei den falschen Eltern geboren. Plötzlich Heute morgen kam mir dieser Gedanke in den Sinn. Ich war im Gottesdienst hier in der Klinik. Ich bin überzeugt dass ich als Mensch, mit dem was ich als Rucksack trage, eine andere Familie hätte haben sollen. Ich bin im Juni geboren, bin Sternzeichen Zwilling, hätte aber im Juli geboren werden sollen. Ich weiss nicht was Krebs-Leute für Eigenschaften haben, aber ich als Zwillingsfrau bin eher vielseitig interessiert. Ja, ich würde sagen vieles interessiert mich, ich würde ganz vieles lernen wenn ich könnte. Ich stelle viele Fragen, bin immer in Gedanken so dass oft mein Kopf überlastet ist. Migräne war jahrelang mein Begleiter, vor allem wenn ich mich mit den Gedanken mich auseinandersetzte. Ich stehe gerne im Zentrum, kann mich aber auch schnell wieder zurückziehen sodass niemand merkt dass ich da war. Ich betrachte Leute und stelle fest, dass meistens alle über Belangloses miteinander reden und dabei oft die wahre Geschichte weglassen. Es macht mich nachdenklich, ja manchmal sogar traurig wenn ich das so spüre. Ich führe gerne, lasse mich aber auch gerne führen, jedoch bin ich dann traurig wenn ich nicht selber bestimmen kann. Bin ich denn so egoistisch? Ich erzähle wenig über mich, manchmal gar nichts. Höre gerne zu. Ich habe Mühe Leute aufzumuntern, ich werde sogar nervös manchmal wütend wenn Leute nicht auf meine Ratschläge hören. Ja genau diese Eigenschaft hat meine Ehe strapaziert. Sie ist jetzt beendet, für immer. Wenn ich Schluss mache dann ist Schluss. Ich erwarte von meinem Gegenüber dass er hält was er verspricht, denn ich selber bin so. Ich erwarte vieles von den Leuten, und deswegen werde ich oft enttäuscht. Aber egal, ich lerne dazu, jeden Tag etwas mehr.

Meine Seele war traurig, und schnell füllten sich meine Augen mit Tränen. Ich war im Gottesdienst. Ich konnte meine Tränen nicht zurückhalten, ich weine zurzeit mehr oder weniger jeden Tag. Ich sähe schlecht aus wurde mir gesagt, und ich fühle mich selber wie einen Waschlumpen. Der Waschlumpe wird immer wieder nass und von der Nässe immer dünner und dünner dass er verblasst. Zum ersten Mal nach langer Zeit laufe ich herum ohne Schminke in meinem Gesicht. Es ist mir egal wie ich aussehe. Es ist egal wie meine Mitmenschen mich ansehen. Ich fühle diese Leere in meinem Herz und ich meine Augen reflektiert meine Traurigkeit. Zum Glück habe ich noch keine Falten im Gesicht, das würde mich stören, nur blasse Gesichtsfarbe und tiefe Augenringen. Was mache ich mit dieser Traurigkeit, die in mir innen ist, mit mir morgens aufsteht und mit mir abends ins Bett kommt? Wann verschwindet sie endlich? Ich will lachen, einfach lachen. Was fehlt mir? Ich habe ein Zuhause, genug Kleider, zwei liebe Töchter, genug Geld. Ich hole mir meine Umarmung von meinen Töchtern, aber es gibt niemand der mir eine Umarmung gibt. Ich kann sie nicht bestellen, ich wünsche sie mir. Aber ich weiss, ich verlange zuviel. Ganz wenige Leute wissen was mir fehlt, und das sind vielleicht nur zwei Personen.

10.1.16/21:40
Lieber Gott, ich liebe Dich. Ich denke an Dich und ich vermisse Dich. Das ist ein Liebesbrief an Dir. Bitte vergiss nicht dass ich an Dich denke, Tag und Nacht, ich denke an Dich und ich erhoffe mir jedes Mal etwas. Ich warte auf ein Wunder, aber diese Welt erlaubt keine Wunder, ansonsten wären alle Menschen wunschlos glücklich. Lieber Gott, bitte zeig mir dein Gesicht, zeig mir Deine Augen, zeige mir Dein Lächeln. Ich fühle mich so alleine dass mir das schon reichen würde. Bitte erfülle mein Herz, schick mir Licht und Ruhe im Herzen.

Lieber Gott, zum letzten Mal getraue ich mir an dir zu schreiben. Bitte sag mir nur ob Du mich gerne hast. Mir reicht es zu wissen dass Du Gefühle für mich hast. Wenn Du mir diese Wahrheit offenbarst, werde ich in Ruhe gehen. Ich werde versuchen, Dich zu vergessen, ich werde einen Grund haben Dich zu vergessen. Wenn Du aber etwas für mich empfindest, werde ich Jubeln vor Freude und ich werde meine Depression besiegen. In meinem Inneren bin ich überzeugt, dass ich gesund werden kann. Ich danke Dir dass Du dir diese Zeit des Lebens mit mir geteilt hast. Ich wünsche Dir Gottes Segen und gebe Dir meine Liebe.

11.1.16/15:30
Ich bin in einem Dorf aufgewachsen, der circa 3600 Einwohner hatte. Heute sind es viele mehr. Das Dorf lag auf einem Hügel ca. 521 Meter über dem Meer. Als die Gesundheit meiner Mutter immer wie schlechter wurde, musste ich die Primarschule in Grenchen abbrechen und ich reiste mit meiner Mutter und meinem Vater nach Süditalien. Wir reisten mit dem Zug, damals schon immer. Mein Vater kehrte gleich wieder in die Schweiz zurück um seine Arbeitsstelle nicht zu verlieren. Der Zustand meiner Mutter war damals schon so schlecht dass sie stationär behandelt wurde. Ich war sieben Jahre alt und mir wurde nichts gesagt, ich wusste nicht was alles passiert und wie es weitergeht. Niemand erklärte mir die Situation. Ich weiss aber dass ich Angst hatte, von den Reaktionen meiner Mutter, von Ihren Wutausbrüchen und vom Verhalten meiner Grosseltern. Sie kannten mich nicht, und waren von dieser neuen Situation selber überfordert. Ich weiss dass sie viel fluchten über meine Mutter. Jedes Wort prägte sich in meinem Kopf, niemand fragte mich, ich war einfach da. Mir war es immer wieder schlecht, ich war aber kerngesund. Sie gaben mir regelmässig einen Schluck Cynar, und das konnte mein Unwohlsein verschwinden lassen. Das war immer erfolgreich, aber meine Angst blieb. Mein Grossvater, der Vater meiner Mutter, fluchte wie er nur konnte, und er streitete auch mit meiner Mutter.
Dann begann diese Zeit, wo meine Mutter abwesend war. Ich sah sie fast nie, sie wurde von einem Spital zum anderen hospitalisiert. Ich durfte sie nicht besuchen. Ich startete die erste Klasse der Primarschule bei uns im Dorf.

Ich war mit sieben ein Jahr älter als die Mitschüler. Ich fühlte mich fremd, wurde von meiner Lehrerin von Anfang an gefördert. Sie sagte zu mir; „Su, Angela, parla il tedesco con questa bambina!". Tatsächlich hatten wir in der Klasse eine Deutsche Schülerin die im Dorf wohnte. Ich war schüchtern und es war mir sehr unangenehm, und ausserdem verstand ich Ihre Deutsche Sprache nicht, weil ich nur Schweizerdeutsch konnte.
Trotz dieser komischen Situation konnte ich mich gut integrieren. Alle trugen eine Schuluniform mit einer Schleife, Blau war sie für die erste Klasse. Rosa für die zweite Klasse, dann rot, dann grün und weiss in der fünften Klasse. Ich wurde gut aufgenommen und wurde schnell auch die beste Schülerin der Klasse. Das sagte zumindest meine Lehrerin meinem Grossvater. Ihr Mann war auch Lehrer und es sprach sich rasch im Dorf um, dass ich eine gute Schülerin war.
Meine Grosseltern hatten zu dieser Zeit einen Hund, Bricco war sein Name. Er war klein, hatte kurze Haare, hängende Ohren, runde braune Flecken auf dem Körper. Ich vermute dass er ein Jagdhund war. Wir machten oft Rennen im Quartier, aber oft stürzte ich sodass ich immer auf meine Knie fiel. Heute trage ich diese Narben noch. Bricco war immer dreckig. Dann einmal hatte ich die Idee ihn zu waschen. Damit er nicht weglaufen konnte bindete ich ihn an einem Baum, holte den Gartenschlauch und machte ihn ganz nass. Er schüttelte sich sofest dass ich sofort auch nass wurde. Dann holte ich meinem eigenen Shampoo und seifte ihn ein. Nahm eine Bürste und fang an ihn zu putzen. Aber der Bricco wurde

so wütend dass es sich lösen konnte und wollte mich fast angreifen. Ich erschrak von dieser plötzlichen Reaktion. Er verschwand wie ein Blitz von meiner Hand. Er wälzte sich mehrmals im Dreck und ging davon.
Ein anderes Mal hörte ich in unserem Garten das Weinen von jungen Katzen. Ich sah einige junge Kätzchen auf dem Dach eines Stalls. Dieser Stall war unmittelbar unterhalb unseres Gemüsegartens. Das Haus meiner Eltern wurde in einem Hang gebaut, die anderen Häuser im Quartier waren sozusagen Mauer an Mauer gebaut. Als ich diese junge Kätzchens sah, überlegte ich, wie ich sie retten konnte. Sie waren auf diesem Dach geklettert und konnten nicht runtergehen. Dann fand ich einen langen Baumstamm und versuchte damit eine Brücke zwischen unseren Gemüsegarten und diesem Dach zu erstellen. Ich schaffte das auch, und versuchte, diese jungen Tiere zu motivieren darüber zu klettern. Aber sie rutschen darunter. Ich weiss nicht mehr ob sie es überlebten, weil in diesem Moment meine Grossmutter mich suchen kam. Sie schimpfte mit mir wo sie das sah. Ich weiss es noch ganz genau.
Ich musste mein Rettungsprojekt sofort beenden.

Einmal fand ich einen Igel bei uns im Garten. Ich hatte Angst dass irgendwelche Tiere ihn auffressen würden, also versuchte ich den Igel zu retten. Ich holte ein Waschbecken und setzte es auf dem Igel damit er nicht davonlaufen konnte. Der Igel verstecke sich in sich hinein. Ich konnte ihn nicht mehr bewegen. Zum Glück aber kümmerte sich der Sohn einer Nachbarin um ihn.

Ich war ein absoluter Tier Narr. Ich kriechte in den Hühnerstall, dreckig und stank, und holte täglich die frischen Eier heraus. Aber von den Hühnern bekam ich nie Läuse, sondern vom meinem Hund der Bricco.

12/1/16/14:05
Der Brief ist weg, die Antwort ist da. Ich kenne sie sein einem Tag und seit einer Nacht. Ich durfte nicht jubeln vor Freude, nein, ich durfte meine ruhige Art wieder zum Vorschein bringen. Ja, weil ihr vielleicht noch nicht wisst, aber eine bittere Enttäuschung kann ich mit einer Miene annehmen, dass niemand versteht. Niemand sieht in meinem Herz, gar niemand. Nicht meine Eltern, nicht mein Exmann, auch nicht mein Psychiater. Alle wissen nur was ich sagen, aber nicht was ich nicht sage.
„Ich habe keine Gefühle für Sie", so lautete die Antwort. Der ganze Smalltalk vor und nachher, diese Aussage hat keine Bedeutung. Die Sonne kommt aus den Wolken heraus, aber mein Herz bleibt im Dunkeln. Das ist doch lächerlich, aber ich klammerte mich an diese Hoffnung. Ich kenne jetzt die Wahrheit, und es tut mir nicht einmal weh. Im Ernst, was hätte ich denn gemacht wenn die Antwort so lauten würde: „Ja, ich liebe Sie Frau Schwab. Ich denke immer an euch und ich empfinde etwas für Sie!". Hättet ihr geglaubt dass ich in diesem Moment diesen Fremden umarmt hätte? Nein, sicher nicht. Ich bin ein Kontrollfreak. Aber meine Depression wäre vielleicht dann verschwunden.
Ich bin ruhig, ich fühle mich richtig ruhig, schaue vorwärts, nach Hause, in meine Wohnung. Niemand wird

mich umarmen, niemand wird mich küssen, wenn ich es brauche, auch wenn ich es nicht brauche, niemand wird bei mir sein. Ich muss mir einen Grund dazu machen, ich werde beten, und ich werde meine Freundinnen fragen, ob auch sie für mich beten werden, denn alleine schaffe ich das nicht. Meine Tränen liefen mir über das Gesicht als ich diese Situation Heute morgen erzählt habe. Ein lieber Mann, er ist die einzige männliche Person deren ich sowas anvertrauen kann. Er betete für mich, und meine Augen waren überschwemmt mit Tränen.

Es ist so gekommen wie es sein sollte. Meine monatelangen Gebete für diesen Mann haben aufgehört. Ich werde ihn anschauen wie jeden anderen. Aber euch werde ich etwas verraten, Sein Augenblick war zentriert und fokussiert auf eine Ebene die nicht aus Liebe besteht. Ich werde euch sagen, Partnerschaft hat in seinem Leben kein Platz, sondern das Weiterkommen im Beruf.

Lieber Psychiater, ich liebe Dich, und ich kann auf Deine Gefühle verzichten. Ich wünsche Dir dass Du mit dem was Du machst glücklich wirst. Wenn Du eines Tages mich vermisst, will ich Dir sagen, ich bin immer noch da für Dich. Ich werde Dein Gesicht nie vergessen.

15/1/16/10:30
Wenn ich sterbe, das erste was ich sehen möchte ist mein Hund Bricco. Er ist auf grausame Art gestorben. Ich werde euch erzählen wie. Ich war elf Jahre alt geworden, es war Juli oder August weil ich keine Schule mehr hatte. Es war sehr heiss. Es war so dass in unserem grossen Garten viele wilde Katzen wüteten. Immer wieder gab

es neue. Sie gehörten dem Nachbarn, aber er kümmerte sich nicht um sie. Die Nachbarn, die keine Haustiere hatten, fluchten darüber. Wir hatten nur diesen Hund, und sonst nichts. Natürlich Hühner, aber die waren in ihren Stall. Eines Tages als wir draussen sassen, redete mein Grossvater über diese Situation, die langsam unerträglich wurde. Der Sohn dieser Nachbarin fütterte seine Katzen regelmässig, auch andere Tieren kamen dazu. Sogar Bricco, der nie genug zu essen bekam, ass von diesen Resten. Ich liess oft mein Essen stehen, damit er genug bekäme. Aber meine Grossmutter merkte es bald. Bricco war kein verwöhntes Tier, er ass Brot, Teigwaren und Fleisch wie wir auch. „Jetzt müssen wir etwas unternehmen", sagte mein Grossvater. Das kam dieser Tag, den ich nie vergessen werde. Bricco lag am Boden, schaute uns an, konnte nicht aufstehen, auch nichts essen. Er schaute mit seinen traurigen Augen umher, er war regungslos. Ich bat meinem Grossvater, den Hund zum Tierarzt zu bringen. Ich hatte gehört, dass wir im Dorf einen Tierarzt hatten. Mein Grossvater meinte es nicht so ernst wie ich. Am anderen Tag verschwand der Hund aus unserem Garten. Ich suchte nach ihm, konnte ihn aber nicht finden. Dann hörte ich ein jammerndes Weinen, in der Nähe unseres Hauses. Oberhalb unseres Hauses hatte es viele verlassene Ställe. Dort oben war ein Steinbecken, das mit Wasser gefüllt war. Dort wuschen früher die Frauen ihre Wäsche. Ich wusste dass dort Wasser war. Dieser Becken war aber leer. Ich stelle mir Heute vor, dass Bricco nach Wasser suchte, und dann keines fand. Der Gedanke, das Bricco verdustet ist, ist für mich unerträglich.

Bevor er verschwand, redete ich mit meinem Grossvater und bat ihm, den Hund zum Tierarzt zu bringen. Im Dorf hatten wir einen Mann der nebst Lehrer auch Tierart war. Ich konnte meinem Grossvater nicht überzeugen. Meine Grosseltern hatten sowieso kein Mitgefühl, Bricco war auch nur zu ihnen dazu gelaufen. Ich werde mir das nie verzeihen, was passiert ist. Mein Bricco ist auf grausame Art gestorben. Ich war elf Jahre alt und es war heiss draussen. Und mein Bricco ist verschwunden. Ich machte mir noch ein Foto von diesem Augenblick, als wüsste ich, dass er verschwinden würde. Ich glaube Heute, dass er nicht wollte dass ich ihn so sehen soll wie er stirbt. Mein schlechtes Gewissen plagt mich immer noch und ich muss weinen, wenn ich daran denke. Ich habe diesen Augenblick fest in meinem Kopf. Das war das Ende. Ich werde nie mehr einen Hund besitzen.

19/01/16/15:00
Habt ihr auch manchmal den Eindruck dass alles, was ihr macht, nichts bringt? Ich glaube sogar daran, und musste dies meinem Psychologen heute Morgen wortwörtlich sagen.
Ich kann mich gut vorstellen dass ich eine schwierige Kandidatin. Ich hätte als Psychologin auch Mühe meine Konversation mit einer Patientin wie mir vis-à-vis zu halten, die fest überzeugt ist dass das Leben so wie sie ist nicht lebenswertig ist. Wie kann man einer Patientin mit Depression das Leben lebenswert machen? Schlussendlich ist es so, wie es ist. Mir erwarten zwei noch eher kleine Kinder, die geführt werden müssen. Mir erwartet eine

Wohnung, die geführt werden muss, und viele Termin, die ich wahrnehmen muss. Mir erwartet kein Arbeitgeber also kein Job, momentan habe ich auch keine Therapeuten zu Hause, mein letzter Psychiater hat sich bei mir nicht mehr gemeldet. Hat vermutlich seine Gründe, Gründe, die ich teilweise verstehe. Und trotzdem finde ich sein Verhalten unpassend. Er hätte merken sollen dass es mir zunehmend schlechter ging. Ich erwarte von einem Psychiater dass er eine gewisse Ahnung hat über seine Patienten. Wenn er doch keine „Antennen" hat, dann ist es doch nicht seine Bestimmung, Psychiater zu werden. Ich erwarte viel, ich weiss, aber ich habe genug Andeutungen gemacht dass es mir immer wie schlechter ging. Ich fühle mich wie ein Dampfkochtopf, und ich sagte und wiederholte bei jeder Sitzung dass ich kochte und kochte, und ich dachte, ich würde demnächst explodieren. Jetzt ist es passiert, aber passt auf, liebe Betroffene und liebe Therapeuten, wisst ihr genau was in euren Patienten vorgeht? Ihr sagt vermutlich: Nein, können wir nicht erahnen!. Aber ich sage euch: Ihr müsst es merken, denn wem sollen wir kranke Menschen ihre Gefühle mitteilen, wenn nicht ihren Therapeuten? Es ist nicht die Aufgabe unserer Freunden dies zu melden, auch nicht unserer Lieben, sondern „eure" Aufgabe!". Ich bin streng, ich weiss, zu mir wie auch zu den anderen, aber ich konnte es nicht anders lernen. Es war hart für mich umzugehen mit dem Gedanken, dass meine Mutter demnächst sterben könnte. Es war hart zu akzeptieren, dass mein Grossvater mit meinem Bricco nicht zum Tierarzt gehen wollte. Es wart hat zu akzeptieren, dass ich nicht mehr nach Italien zurückkehren kann, auch wenn es mir jeden Morgen schlecht war. Es war hat zu akzeptieren, dass ich mit der Oberschule nicht das studieren kann was ich möchte. Es war hart zu schauen, dass die anderen Mitschülern mich moppten. Es war hart zu hören, dass meine eigene Mutter, mir meine Gefühle verletzte und meine Geheimnisse mich vorwarf.

Vieles war hart, dementsprechend bin ich hart geworden. Jeder von euch ist so geworden, weil ihr es nicht anders konntet. Weil wir es nicht anders kennen! Sicher gäbe es eine andere Möglichkeit, aber jeder entscheidet nach Mass, mit Berücksichtigung der Umständen. Die wenigen entscheiden zugunsten von sich selber, weil wir doch so nett und vernünftig sind und so erzogen wurden. Würde ich gewisse tägliche Entscheide anders treffen, wäre ich vor den Augen anderer Menschen eine Egoistin. Ich mache ein Beispiel: Ich koche das was mir schmeckt oder ich esse das was ich will. Den Kindern schmeckt das nicht aber mir ist es egal. Sie sollen das auch essen. Bringt mir das weit? Oder ich hole meine Kinder später als vereinbart bei den Grosseltern damit ich mehr Zeit für mich habe. Ich gehe zum Beispiel shoppen oder verabrede mich mit einer Kollegin.

Oder ich überlasse einige Termine meinem Exmann, oder ich kümmere mich nicht um die tägliche Wäsche. Der Besuch kommt und sieht meine Waschbergen in der Wohnung. Mein Besuch darf mithelfen und sogar die Wäsche zusammenlegen. Das und noch vieles mehr könnte ich machen, oder? Mache ich aber nicht. Ganz einfach. Ich benutze solche Gelegenheiten nicht weil ich meiner

Aufgabe stellen will. Ich bin ein Kontrollfreak, ja, ich will wenn möglich alles selber in der Hand haben. Das mag ein Wiederspruch sein zum Erzähltem, aber es hat eine gewisse Stärke. Eine Stärke die unfassbar gross sein kann. Ich bin der Meister in diesem Rahmen. Alles passiert durch meine Hand.

20/1/16/12:50
Ich muss wieder ein bisschen zu mir kommen, eigentlich ein bisschen mehr. Ich habe viel geredet, viel nachgedacht und das war schon anstrengend. Es hat dazu noch geschneit und geschneit und ich bin mit voller Aufmerksamkeit nach Bern gefahren. Weil ich als Suizidpatientin rückfällig geworden bin wurde ich neu in diese Klinik eingeladen. Ich wurde von einer Psychologin ausgefragt und auf einem Video aufgenommen. Ich glaube nicht daran dass mein Leben sich ändern kann, und ich habe keine Kraft mein Leben zu verändern. Heute, ein Tag danach, ist ein schöner Tag, es scheint sogar die Sonne auf dem weissen Schnee, und alles scheint ruhig seinen Lauf zu nehmen.
Beim Gespräch gestern wurde mir nebenbei gesagt ist sein ein schnell-denkender Mensch. Lustigerweise hat mir das schon jemand anders gesagt, und ich fange an daran zu glauben dass es stimmt. Aber ehrlich gesagt, was bringt mir diese Feststellung? Bin ich nicht sogar benachteiligt wenn das so ist?
Solche Menschen sind schwierig, ich bin schwierig und stachelig und stelle alles in Frage. Ich habe ein Buch gekauft der heisst: Stachelige Menschen. Heute ist mir be-

wusst geworden, dass nicht nur meine Mutter stachelig ist, sondern auch ich! Ich bin deinigen die bei einem Gespräch anstrengend zu überzeugen ist. Ich bin diejenige die eine feste Meinung vertritt und die immer das Gegenteil sagt. Ja, ich bin anstrengend! Allerdings bin ich auch fröhlich, begegne Menschen ohne Vorurteile und bewerte nie mein Gegenüber. Bei Gesprächen fühle ich mich schnell benachteiligt und ziehe mich zurück. Obschon mir Vieles auffällt und meinem Gegenüber in seine Art gut spüre, kann ich meine Haltung und Meinung sehr schwer behaupten.

Ich liebe die Farbe Gelb, bin also nicht schwarz-weiss, wie mein Psychiaterin der Klinik behauptet. Ich muss gewisse Sachen immer ordentlich haben und muss gewisse Aufgaben stets erfüllen, nur dann bekomme ich ein gutes Gefühl und fühle mich bestätigt.

„Du musst perfekt sein" immer wieder begegne ich diesen Satz in meinem Kopf. Teilweise habe ich es geschafft, eben nicht perfekt zu sein. Zum Beispiel ich schminke mein Gesicht nicht mehr wie früher, warum denn auch? Wem muss ich gefallen? Nur mir selber?. Es gibt andere Dinge die müssen perfekt sein, zum Beispiel ich ziehe mich jeden Tag frisch an und dusche zwei Mal pro Tag. Meine Haut muss unter den Kleidern frisch sein, nur dann fühle ich mich gut. Jedoch muss meine Wäsche nicht sofort zusammengelegt oder gebügelt sein, da bin ich nachlässig geworden. Und wo ich ein besonders schlechtes Gewissen habe ist wenn ich meiner älteren Tochter nicht eine Seite des Buches vorlese oder mir ihr Rechnungen übe. Da habe ich das Gefühl ich hätte als Mutter versagt. Und wenn beide Kinder abends nach dem Duschen mit den Kleidern ins Bett gehen, habe ich ein besonders schlechtes Gewissen. Sie könnten doch schwitzen im Bett, oder vielleicht können sie sich nicht gut bewegen! Ja, es gibt Dinge die ich lieber nicht erwähnen sollte, wer weiss, man könnte schlecht über mich reden!

26.1.16/19:40

Warum bin ich immer so traurig, ich halte es nicht mehr aus, nein, ich halte es nicht mehr aus und darum muss ich schreiben. Einfach drauf los. Ich fühle mich einfach so alleine und niemand sieht es. Aber ich habe meine Hülle abgelegt und alles was mich schön macht, abgelegt. Ich laufe herum mit blassem Gesicht, mit traurigen Augen, mit leerem Blick. Meine Gesichtsfarbe, mein Make-up, habe ich bewusst nicht aufgetragen. Warum meinen alle dass es mit mir aufwärts geht, wenn mein Herz so schwer ist. Hinter meiner Aufmachung bin ich, einfach ich, mit meinen Macken und mit meinen Vorwürfen. Niemand sieht hinter meinen Mauern wie wes mir geht, es gibt niemand. Ich hatte kürzlich einen Konflikt mit meiner Pflegeperson. Es fragte: „Frau Schwab, warum sind Sie hier?". Ich war sprachlos, so schnell werde ich sprachlos, kenne ich mich so schlecht? Warum ist das so? Ich weiss tatsächlich nicht warum ich diese Frage nicht beantworten konnte. Ich kam mir bei diesem Gespräch vor als wäre ich eine Touristin, ja, irgendwie ein Gast der hier in der Klinik einfach Ferien macht. Ich habe mein Leben nicht im Griff, und ich habe ein autistisches Kind dass vier Jahr alt ist. Wie wird Sie wohl als Erwachsen sein? Wird Sie ein normales Leben führen können? Sie ist 5, sie trägt Windeln, kann sich nicht an- und ausziehen, kann keine ganze Sätze bilden. Sie weiss nicht wie reagieren wenn ich traurig bin. Aber Sie lässt mich schlafen, ja zumindest das. Sie liegt neben meinem Bett, den Radiatoren im Rücken, und diskutiert ganz leise etwas vor sich hin. Natürlich schlafe ich nicht, aber sie realisiert nicht dass ihre Mutter wach liegt. Was wäre wenn ihre Mutter tot wäre? Ich fühle mich so alleine und meine Kinder merken es nicht. Zum Glück, vielleicht. Dann habe ich keine Lust zu telefonieren, keine Lust Leute zu treffen und bin eigentlich ganz froh dass der Akku meines Telefons leer ist. Dann weiss ich dass ich nicht erreichbar bin.

Wo ist diese farbenfrohe Frau verschwunden, ich spielte mit meinem Hund und war glücklich. Meine Mutter war sowieso weit weg. Sehr oft stritt meine Grossmutter mit meinem Grossvater. Es war oft so schlimm dass meine Grossmutter sagte: „Ich gehe mir an einem Baum erhängen!". Ich war da, ich war vielleicht acht oder neun Jahre alt und habe das gehört. Ich hatte Angst und lief ihr immer hinterher. Sie wäre nicht die einzige gewesen die das machen würde. Ich hatte Angst. Ich versteckte mich, hinter meinen Mauert, in meinem Kissen, ich das leere Haus meiner Eltern, und weinte. Das grosse Haus meiner Eltern, ich hasse dieses Haus. Dieses Haus hat meine Kindheit geraubt. Alles wurde auf das Haus gesetzt, das ganze ersparte Geld, dic Freude, die Freizeit, auch die Tochter. Ich wünschte mir ein neues Buch und ich hatte den Mut nicht meiner Mutter zu fragen, ob sie mir ein neues kaufen würde. Schliesslich kam sie nur zwei Mal im Jahr nach Süditalien um mich zu besuchen. Wir sassen einmal vor dem Kamin, es war abends und das Feuer brannte. Es war warm, wir sassen nebeneinander. Sie drückte immer wieder meine Pickel aus, heute habe ich diese Narben im Gesicht, die ich immer wieder versuche zu verdecken. Als ich mir das Buch wünschte: Pollyanna cresce, sagte Sie mir: Ja, sicher! Als ich an diesem Abend meine Mutter fragte: „Kaufst Du mir dieses Buch", und Sie antwortete: „Ja sicher", da war ich überglücklich. Ich liebte schon damals Bücher über alles und ich liebte diese Geschichte: „Pollyanna cresce", schon nur weil ich diese Serie im Fernsteher schaute.

Ich habe mich versteckt, meine Gefühle habe ich so gut versteckt sodass sie mir heute zum Verhängnis werden. Entweder spreche ich sie an, dann fühle ich mich schlecht, oder dann verliere ich die Kontrolle wenn ich sie jemanden erzähle. Es könnte sein dass irgendjemand rein redet und mich verwirrt. Also spreche ich lieber nicht darüber, aber manchmal könnte ich explodieren. Wenn ich explodiere nehme ich die Tabletten und schlucke ich alles was ich habe. Oder ich nehme die Tabletten wenn ich mich so einsam fühle dass ich fast innerlich explodiere. Das ist für mich eine neue Reaktion die ich kennengelernt habe. Ja, ich fühle mich einsam auch wenn die Kinder da sind. Bin ich hübsch, Ja? Jemand sagte mir dass ich hübsch bin und dass ich ein hübsches Lächeln habe. Jetzt kann ich wieder lachen, jetzt wo keine Zahnspange nicht mehr trage. Aber ich sehe immer so ernst und traurig aus. Ich sehe nicht mehr gelb sondern nur schwarzweiss. Also doch wie der Oberarzt gesagt hat! Mein Leben ist so geworden dass ich es nicht mehr will. Wo sind meine Träume die ich einmal hatte, wer hat sie gestohlen? Das frühe Heiraten usw ... Ich habe doch gemacht was ich als Bestes fand, oder dachte, es sei das Beste für mich. Warum bin ich denn unglücklich darüber? Bin ich doch selber schuld daran oder nicht? Ich wollte studieren, ich hatte so viele Ideen was ich einmal werden möchte. Heute kann ich es nicht mehr ändern. Habe zwei Kinder. Ich möchte nur weinen, nur weinen, aber auf welche Schulter? Ich habe keine Schulter mehr, ich habe zwei Kinder die ständig etwas von mir wollen aber ich explodiere fast über mich selbst. Ich kann es nicht kontrollieren, und deswegen möchte ich so aufhören, dass es niemand merkt, ja weil es niemand weiss wie es mir geht. Nur mein Psychologe.

Ich fühle dass alles keinen Sinn mehr macht. Warum bin ich überzeugt dass mir sowieso niemand helfen kann? Warum habe ich immer Lust zu sterben? Einmal, als meine Mutter ganz schwer krank war, da kam der Pfarrer nach Hause. Wir waren ja in Süditalien. Ich wusste nicht warum er da war und mir wurde auch nichts gesagt. Ich denke Heute aber dass er irgendwelche Dämonen austreiben wollte. Nur Gläubige glauben an solche Sachen, ich glaube heute auch daran. Aber meine Mutter lag im Bett und das half nicht. Niemand konnte sie helfen. Jetzt stecke ich in dieses Leben, aber es gibt ein grosses Unterschied: meine Mutter wollte trotz dem Leiden immer Leben. Ich hingegen habe kein Interesse ans Leben.

Alle reden mir ein dass es besser wird. Alle, samt die Pflege, die Freunde die früher hier waren, auch die Ärzte. Ich soll warten bis die Medikamente wirken, aber ich glaube nicht daran. Es ist in mir so gespeichert, das Schlechte steht fest in meinem Kopf, in meinem Herzen! Ich hatte Heute ein halbstündiges Gespräch mit meinem Oberarzt. Ich hatte meine Fragen vorbereitet, jedoch stellte ich sie nicht in dieser Reihenfolge wie ich vorhatte. Warum kann ich mich nicht einmal auf ein Gespräch vorbereiten? Ich machte ein Durcheinander. Jedenfalls, es wurde mir bewusst dass auch er keine Antworten auf meinem Leiden hatte. Er konnte mir nicht sagen warum ich mit 1280 mg Duloxetin nicht gestorben bin. Ich habe sie alle nacheinander genommen, und ich hatte mich informiert. Er konnte mich auch nicht sagen, warum ich noch nicht glücklich bin. Die Medikamente sind nicht das Heilmittel und auch nicht das Wunder, dass ich endlich gesund werde. Er empfahl mir, noch ein paar Wochen in der Klinik zu bleiben und auf die höhere Dosierung zu warten. Sogar die Kinderschutzbehörde wurde eingeschaltet, weil ich zwei Kinder habe. Welche Möglichkeit hat eine alleinerziehende Mutter Heute, wenn Sie mit ihrem Leben nicht mehr weiter weiss? Keine Möglichkeit, das heisst, entweder durchbeissen oder die Kinder abgeben? Welche ist die bessere Lösung? Eine grosse Sitzung wurde organisiert, alle sind dabei, neben mir und meinem Exmann auch die Behörde, der Chefarzt, die Heilpädagogin und mein persönlicher Psychologe. Was für ein Absturz! Ich empfinde das alles als einen Absturz meines Lebens! Alle suchen eine Lösung für mich zur Entlastung in Bezug auf mein autistisches Kind, das viel mehr Betreuung braucht. Ist doch schön, dass sich alle um mich kümmern, oder nicht? Ich muss einfach weiter funktionieren, und mir solche Ausschweifungen nicht mehr leisten! Ich sitze da und sollte glauben, dass ich ein Wunder erlebe, so schön wäre das.

3.2.16/9:20
Letzte Woche gab mir mein Chefarzt den Auftrag, ich soll doch eine Zeichnung machen. Beim Gespräch erzählte ich ihm meine grosse Leidenschaft zu Zeichnen. Ich nahm mir vor, eine Zeichnung zu machen, aber nicht irgendwelche, sondern ein Portrait.

Am Samstagabend, als ich fürs Wochenende nach Hause durfte, ging ich in den Keller meines Hauses und griff sofort nach der Bananenschachtel, die alle meine frühere Zeichnungen beinhaltete.

Eine A3 grosse Zeichnungsmappe lag zuoberst. Daneben fand ich auch zwei Tagebücher. Ich war erstaunt auch Tagebücher zu finden. Ich nahm alles mit in meine Wohnung. Ich war an diesem Abend so traurig, lies aber beide Tagebücher so schnell durch und gewisse Aussagen blieben bei mir hängen. Diese Tagebücher waren auf italienisch geschrieben. Plötzlich durch einige Zeilen kam das „aha" Erlebnis hervor, was mich sehr beschäftigte.

Bevor ich das zweite Mal in die Schweiz kam, im Jahr 1990, verbrachte ich den Sommer hier in der Schweiz, in Grenchen. Meine Eltern nahmen mich wie ein Gepäck. Sie wollten sich von meinen Grosseltern entfernen. Meine Mutter kam mit ihren Eltern nicht mehr klar, Sie wollte auf alle Kosten die perfekte Familie wieder haben. Aber es war bereits zu spät. Was ich dann in der Schweiz mit meiner Mutter erlebte, förderte diese „Vereinigung" gar nicht. Der Sommer war da und ich war nach dem Tagebuch glücklich. Ich trug Kleider die nicht zu meinem Alter passten und verhaltete mich wie meine Mutter. Diese Kleider waren nicht geeignet für ein 14-jähriges altes Mädchen. Ich war voll auf meine Mutter fixiert und ihre beste Freundin geworden. Ich diskutierte mit ihr und Sie hatte mich völlig im Griff. Es macht mich traurig dass Sie meine Naivität zu ihren Gunsten ausnützte, solange ich das nicht verstand. Diese knapp 3 Monate Sommerferien verbrachte ich zuhause in ihrer Wohnung. Nicht einmal ging ich in das Freibad, nicht einmal sorgten meine Eltern für Integration mit anderen italienischen Schulmädchen. „Du brauchst die anderen Mädchen nicht", sagte mir meine Mutter. Einmal, als ich meinen ganzen Mut brauchte, um einer Kollegin zu fragen, ob Sie mit mir ins Freibad käme, antwortete Sie mir: „Mein älterer Bruder heiratet heute". Das war das erste und letzte Mal als ich mich bei einer Kollegin einlud. Ich brauchte meinen ganzen Mut, diesen Telefonat zu machen.

Nach dem Sommer kehrten wir zurück nach Süditalien, in dieses abgelegene Dorf. Ich kaufte in diesem Laden alle meine Lernbücher. Die Sekundarstufe (2. Media) begann im September. Mein Vater kehrte in die Schweiz zurück, ich und meine Mutter blieben im Dorf, in unserem Haus. Bald kam der Herbst, ich war jeden Morgen bis 12:30 Uhr weg. Dann musste ich sehr viel lernen auf den nächsten Tag. Wir hatten sogar Schulsport am Nachmittag sodass ich mit meiner besten Kollegin zum Turnen verabredeten. Ich fühlte mich glücklich, war aber jedes Mal bedrückt weil meine Mutter zuhause sehr unter Druck stand. Ihre Eltern, meine Grosseltern wo ich anhin aufwuchs, machten ihr in jeder möglichen Situation Stress. Sie hatten das Gefühl sie müssten uns kontrollieren, also kamen mehrmals pro Tag zu uns ins Haus. Die Situation wurde rasch schlimmer. Ich hörte meine Mutter am Telefon wie sie mit meinem Vater, der in Der schweiz zurückblieb weinte.. Dann eines Tages fragte mich meine Mutter: „Was meinst Du, kehren wir doch zurück in die Schweiz und fangen dort frisch an. Dein Papa ist schliesslich die ganze 3 Jahre schon alleine". Sie beeinflusste mein Wille weil ich wusste, dass Sie Recht hatte und ich sah jeden Tag ihr Verhalten. Heute denke ich, dass meine Mutter mich in dieser Situation wie ausnützte. Ich wusste, dass sie Recht hatte dass wir diesen Zustand nicht weiterführen konnten. Sie glaubte, wenn ich endlich die obligatorische Schule beenden würde, könnten wir dann zurück in die Schweiz. Aber die Rückkehr kam früher als geplant.

Mein Vater reiste nach Süditalien. An diesem Morgen begleitete meine Mutter mich in die Schule. Sie redete mit dem Direktor und wir kehrten nach Hause. Ich verabschiedete mich an diesem Tag von niemandem. Ich teilte meine Bücher jeden Morgen mit meiner besten Kollegin mit meiner besten Freundin mit der Vincenzina, damit wir nicht immer so schwere Bücher tragen mussten. Ich fragte mich, wie Sie wohl zu Recht kommt mit so einem Gepäck auf ihrem Rücken! Sie tat mir so leid, meine Freundin. Sie blieb zurück, fassungslos und ahnungslos.

Ich muss zusammenfassen. Im September 1986 wechselte ich die Primarschule von der Schweiz nach Italien. Danach wohnte ich ausschliesslich bei meiner Grossmutter bis zum Sommer 1983. Den Sommer 1989 verbrachte ich in der Schweiz bei meinen Eltern. Danach im September fing ich die Zweite Klasse der Scuola Media bei uns im Dorf, mit dem Ziel, für immer dort zu bleiben, oder wenigstens bis ich die obligatorische Schule beendete. Jedoch wurde ich wieder im November 1989 wieder von Italien in die Schweiz umgezogen.

Ich werde das Gesicht meiner besten Freundin in Italien nie vergessen. Ich hatte sehr lang Schuldgefühle. Es war November 1983, ein nasser Novembermorgen als wir am Bahnhof ankamen.Die Taxifahrerin war genervt über die vielen Koffern die Sie in das Auto einladen musste. Ich stand da und verstand kein Wort was Sie sagte.

Ich versuche diese Zeilen ohne Gefühle zu schreiben, denn ich habe viele Jahre gebraucht um die Folge dieser Geschichte zu verdauen.

Damals lernte ich meine Gefühle zu kontrollieren. Hätte ich je gesagt, wie es mir geht, dann hätte es meine Mutter nie verkraftet. Aber die Depression meiner Mutter war immer im Vordergrund. Sie hatte auch keine einfache Kindheit gehabt. Und jetzt wurde sie von ihren eigenen

Eltern bevormundet, weil ihr Mann in die Schweiz lebte, kontrolliert und schikaniert. Ich rettete meine Mutter indem ich mich entschied, das Dorf zu verlassen. Ich fühlte mich als Hindernis in dieser Geschichte. Meine Grosseltern hatten genug von mir, weil Sie immer auf mich aufpassen mussten, und meine Mutter schaffte es nicht, auf mich aufzupassen. Sie hatte Gefühlsausbrüche, schrie mich an. Einmal verlangte Sie von mir, alle Küchenmesser zu verstecken. Ich tat es. Und niemand konnte diese Messer finden, auch ich nicht. Sie hatte Angst mir etwas anzutun. Meine Mutter kam an ihre Grenzen, Sie fluchte über mich, über alles, sie wünschte sich ich wäre nie geboren.

Vor der Abreise diskutieren wir welche Schule ich in der Schweiz dann besuchen könnte. Mein Vater sagte mir er hätte sich informiert und es gäbe in Basel eine Italienische Privatschule. Dort könne ich nach dem gleichem Niveau die Schule besuchen und anschliessend die Matura abschliessen. Ich freute mich über diese Möglichkeit, denn ich dachte nur noch ans Studieren. Bei uns im Dorf war es normal zu studieren. Ich kannte nichts anderes. Ich wollte Schriftstellerin werden, hatte ein Kinderbuch mit 10jährig geschrieben. Dann wollte ich Tierärztin werden, dann wollte ich Zauberin und. Ganz am Schluss, als ich schon viel älter war, wollte ich Richterin werden.

Jahrelang, bis nach meiner Heirat, hatte ich diesen eigenartigen Traum, meine Mutter als zwei Persönlichkeiten zu träumen. Einmal war sie die liebevolle Mutter, dann aber erschien sie mir als böse, dunkle Mutter, die mich

schlagen wollte. Dann war die Familie wieder vereint. Ich glaube meine Mutter war ganz zufrieden über diese neue Situation. Ich hatte ein eigenes Zimmer, natürlich dasselbe Zimmer wie damals mit sieben. Als erstes schaute ich die Schulunterlagen von dieser Schule in Basel. Das „Liceo Linguistico" von Basel kostete 40'000 Franken pro Jahr. Ich weiss die Details nicht mehr. Dazu musste ich jeden Morgen eine Stunde mit dem Zug pendeln. Ich fragte dann was mein Vater verdiente und es wurde mir schnell klar, dass er diese Summe nicht bezahlen könnte.
Meine Eltern waren jahrelang mit diesem Haus in Süditalien beschäftigt. Mein Vater nahm immer wieder Kleinkredite, die er dann zurückbezahlen musste. Es war meine Entscheidung. Meine Eltern standen beide hilflos da als ich antwortet, ich würde die Regelschule besuchen und die Sprache neu lernen.

An einem Morgen gingen ich und meine Mutter zu einem Schulpsychologen. Er gab mich einige Blätter die vorwiegend Logik und geometrische Figuren beinhalteten. Ich musste die Bilder die falsch waren zuordnen oder korrigieren. Es hatte alles nicht mit der Sprache zu tun. Alles ging relativ gut weil ich in Italien auch schon Geometrie und Arithmetik hatte. Mein Vater war nicht dabei. Er erklärte meiner Mutter die verschieden Schulniveaus. Würde ich die Oberschule besuchen, könnte ich mit den gleichartigen Schüler in die Klasse kommen. Würde ich die Sekundarschule wählen, müsste ich ein Jahr verlieren und mit den jüngeren Kindern gehen, würde ich die Bezirksschule wähle, würde ich sogar zwei Jahre verlieren. Dass ich mit der Bezirksschule später die besseren Möglichkeiten gehabt hätte, hat er uns nicht gesagt. Wir waren nicht soweit weil mein Ziel zuerst war die Sprache zu lernen. Ich wollte immer noch studieren gehen, das war mein Ziel. Ich sagte dem Psychologen dass ich nicht mit den jüngeren Schülern in der Klasse gehen wollte, da ich sowieso schon gross genug war und ich würde mich schämen. Ich kam somit in die siebte Klasse der Oberschule. In Italien war es klar, dass ich die grösste in der Klasse war. Aber hier war es eine Lüge die ich später verstand.

Es war ein kalter Novembermorgen als ich zu Fuss zur Schule ging. Wir durften die Schuhe ausziehen. Alle Schüler trugen Hausschuhe. Ich wurde gemustert, was ich für Kleider trage. Ich sass neben einer Schülerin, und ich verstand kein Wort was der Lehrer sagte.

Das Leben mit meiner Mutter wurde rasch schwierig. Ich war doch ein Einzelkind, und ich war immer gleicher Meinung wie Sie. Warum kritisierte Sie denn mein Verhalten? Ich soll meinen Mitschülern nichts erzählen über uns. Sie sagte mir einmal, ich verhalte mich wie eine alte Frau. Ich war damals vierzehn. Aber Sie kaufte mir ja die Kleider. Sie war rechthaberisch. Die Kleider waren altmodisch. Ich lernte über meine Gedanken nicht darüber zu reden, denn sonst warf Sie mir alles vor. Dann entschuldigte Sie sich, wir weinten, wir versöhnten uns. Sie wiedersprach sich ständig, und sie war launisch. Das Ver-

halten wiederholte sich immer wieder. Manchmal hatte ich das Gefühl ich explodiere.
Meine Mitschüler hassten mich, sie machten alles Mögliche um mich schlecht zu machen. Sie verspotteten mich, sie belächelten mich, sie wiederholten was ich sagte damit es mir peinlich wird. Dann hängten sie meine Jacke an der Schulglocke, wo ich sie einmal nicht herunterholen konnte. Jedes Mals wenn ich zur Toilette ging klauten Sie mein Frühstück. Einmal in der Pause, als wir draussen waren, standen ein Paar vor mir und wollten meine langen Haare abschneiden. Ich bekam Angst. Ein anderes Mal in der Werkarbeit warfen Sie Kaugummi in meine Haare. Zuhause musste ich Strähnen abschneiden. Als Sie mich in der Stadt sahen, lachten Sie über mich. Es gab kein Mädchen dass ehrlich oder nett zu mir war. Mein Lehrer unternahm nichts dagegen. Jeden morgen früh, als ich mich auf dem Weg machen musste, war es mir übel. Meine Mutter gab mir jeden Morgen Magentabletten gegen die Übelkeit. Sie sagte, wir können nicht wieder nach Süditalien gehen, war würden denn die Leute über uns reden? Ich soll das aushalten.

Ich hatte keine Möglichkeit später auszugehen, weil niemand sich mit mir anfreunden wollte. Ich hörte, wie sie sich am Wochenende amüsierten, in die Disco gingen und andere Sachen machten. Ich beneidete sie. Während dieser Zeit konzentrierte ich mich aufs Lernen, blätterte im Wörterbuch nach und lernte weitere Wörter. Sie hassten mich, und sie beneideten mich, als ich bei der ersten Probe eine 5 als Note bekam.

Einmal sagte mir meine Mutter es sei normal dass sie mir in der Schule so behandeln. Ich war für mein Alter einfach zu schüchtern, zu verklemmt, nachdenklich. Ich hoffte Anerkennung zu bekommen, so wie in Italien. Ich sehnte mich nach Freundschaft. Vielleicht auch nach Liebe.

5.2.2016/19:30
Ich weiss nicht wozu dass noch gut ist, aber diese zwei Tagebücher aus den Jahren 1990 und 1991 machten mir zu schaffen. Es geht mir nicht mehr aus dem Kopf dass ich einmal schrieb: „Ich möchte das Neujahr einfach nicht mehr erleben". Ich war 14 wo ich das schrieb.
Ich brauche jemanden der nett und sensibel zu mir ist. Der mich akzeptiert wie ich bin und der mich gerne hat. Ich möchte mein Leben nicht in Einsamkeit verbringen. Jemand, der mich überfordert ist wenn ich solche Gedanken habe oder einfach drauflos rede ohne ein Ziel zu haben. Ich philosophiere einfach gerne.
Ich meine, ich war erst vierzehn, und doch wusste ich genau was ich mich fehlte und was mich glücklich machen könnte. Ich staune Heute dass ich meine Gefühle sogut definieren kann! Könnt ihr auch eure Gefühle so gut unterscheiden? Ich habe gelernt was ich sage in der richtigen Menge und am richtigen Ort zu sagen. Früher hatte ich diese Fähigkeit nicht. Heute bin ich froh darüber. Die Konsequenz ist, dass ich ruhiger geworden bin. Das unpassende gar nicht zu sagen.
„Liebes Tagesbuch, das was ich sage gehört zu meinen Höch-und-Ab", meine Selbstkritik, meine Traurigkeit. Vielleicht brauche ich einen Psychologen als Lebenspartner?

„Ich möchte ausgehen, ich möchte echte Freundinnen haben, solche, die mich akzeptieren. Ich will nicht immer mit meinen Eltern ausgehen, denn jedes Mal bereue ich es!"

Liebe Mutter, ich bin nicht Deine Freundin, ich bin Deine Tochter. Ich bin anders als Du. Ganz einfach ein anderer Mensch.

Welche 14-jährige denkt an sowas? Wer wird einmal das auf meinem Schreibtisch lesen?
Ich war so traurig dieses Schulzimmer zu verlassen, obschon dort viele traurige Ereignisse vorkamen. Alle meine Kolleginnen grüssten mich nicht einmal auf der Strasse, und ich empfand tiefe Gefühle mein Schreibtisch zu verlassen. Was war an mich falsch?

5.2.16/19:50
Was wollen diese fragenden Augen von mir? Was erwartet ihr denn alle von mir?
Ich bin eine Frau die es ganz genau nimmt, nein, eine Frau die alles hinterfragt, die nachdenkt, die präsent sein möchte und es aber nicht schafft. Ich bin eben so, mit meinem Rucksack. Ich freue mich nicht auf einen Fastnachtsumzug weil ich das überflüssig finde und ich meine Gefühle sowieso ohne Maske zeigen kann. Lasst mich in Ruhe, ich erfülle meine Verpflichtungen und zeige Präsenz für mein Kind, zeige aber keine Präsenz bei diesen Frauen, Ich hasse diese fragende Augen, warum hab ihr denn nicht den Mut zu fragen? „Hey, wie geht es Dir so? wo warst Du bis jetzt?"

„Arme Frau, wollte sich das Leben nehmen. Der Mann hat sie verlassen". Das denkt ihr, oder? Aber warum fragt ihr mich nicht direkt? Diese Frage würde Ehrlichkeit und Interesse zeigen. Und alle anderen Bekannten wären auf dem Neuesten Stand. Denn sowas spricht sich um! Es geht doch schliesslich nur um News. News aus der Nachbarschaft, News aus der Schule. Wie gemein und kurzsichtig ihr alle seid!

Ich habe eben meine beste Freundin in Italien zurückgelassen. Wir waren erst 13 Jahre alt. Diese Zeit kann mir niemand mehr zurückgeben, ich werde es immer vermissen. Das alte Leben ist wie im Nebel verschwunden. Alles was jetzt passiert gehört zu einem anderen Menschen.

8.2.16/21:50
Ich küsse Dein Gesicht wenn Du schläfst und ich küsse Dein Gesicht wenn du wach bist. Ich schaue Dich an, meine Tochter, und stelle fest wie perfekt Dein Gesicht ist. Ich hätte Lust es immer noch zu küssen. Es wäre schön wenn auch mein Gesicht gestreichelt werden könnte. Aber Dein Gesicht anzuschauen ist so schön und perfekt und dass erfüllt mein Herz mit unbeschreiblicher Liebe. Alles andere ist in dem Moment nicht mehr wichtig. Dein Angesicht ist so schön, deine Haut so geschmeidig und Dein Herz am richtigen Ort. Ich liebe meine Kinder. Ich selber habe diese Momente nicht erlebt, umso mehr verlangt mein Herz es so euch so sehr zu zeigen, euch zu umarmen, anzuschauen. Ganz egal wie ich mich fühle in diesem Moment, wie müde und ausgelaugt ich bin. Es ist

kaum neun Uhr abends und ich halte mich nicht mehr auf den Beinen. Meine Augen sind klein geworden, mein Blick ist blass und verloren. Meine Schlaftablette wirkt. Ich hätte nicht einmal die Kraft gehabt mit jemanden zu telefonieren. Was ist bloss aus meinem Leben geworden dass ich es nicht mehr schaffe länger aufzubleiben? Sogar einen Film anzuschauen ist mir nicht mehr wichtig. Ich bewege mich langsam und falle auf meinem Bett.
Ich bewege mich kaum und warte dass ich bald einschlafe. Ich hoffe bald einzuschlafen um meine Einsamkeit zu vergessen.
Warum spüre ich diese Einsamkeit, immer und immer wieder? Selbst in Anwesenheit der Kinder fühle ich mich so elend dass ich es kaum noch ertragen kann.
Einmal sagte mir mein Arzt: „Auch ich habe Momente die ich nicht aushalten kann, aber auch ich muss es ertragen". Warum kann Ich das nicht? Warum plagen mich diese Gefühle selbst wenn ich in Gesellschaft meiner Kinder bin?

9.2.16/8:40
Ich habe keine Ruhe, weder Tag noch nachts. Meine Gedanken verlassen mich nicht, dieses Gefühl von Einsamkeit und Hoffnungslosigkeit verlassen meinem Kopf nicht. Ich fühle mich ausgeliefert einer Zukunft die ich nicht gewählt habe. Ich fühle mich ausgeliefert einer Zukunft die nicht mir gehört. Dieses Gefühl von Nutzlosigkeit macht mich nervös. Das Warten nimmt kein Ende. Meine Beine sind schwer, mein Kopf kann an nichts Anderes denken und meine Augen starren aus dem Fenster ins Leere. Kaum bin ich wach werde ich in meine Welt katapultiert.

Ich höre jede Stimme im Gang, jedes Geräusch, jedes Atmen. Ich bin im Zimmer nicht alleine und beneide die Gelassenheit meiner Zimmerkollegin, einfach einzuschlafen. Ich beneide diese Ruhe, ja sogar das Schnarchen. Warum höre ich immer alles, warum fängt mein Gehirn zu rattern bei jedem Geräusch, warum kann ich nicht einfach so einschlafen. Warum ist mein Kopf so schwer, warum lasst ihr mich nicht schlafen! Ich höre diese Geräusche, nachts und tagsüber und studiere morgens diese Gesichter. Ich möchte versinken und niemanden mehr sehen, schon alleine diese Gesichter nerven mich. Was mache ich falsch dass ich nicht so heiter bin wie die Anderen, die reden und lachen und manche stopfen sich richtig mit Nahrung ein. Das nervt mich einfach anzuschauen wie es den anderen besser geht. Es ist mühsam aufzustehen nur weil es morgen ist und weil ich versuchen muss. Es ist dann egal was passiert. Ich sitze da und hoffe auf eine bessere Zukunft, und er Schlaf wird mir geklaut. Ich verstehe nicht warum ich morgens aufstehen muss und meine Zimmerkollegin weiterschlafen darf! Ja, ich bin wieder in der psychiatrischen Klinik.

9.2.16/20:10
Liebe Männer, was ist eigentlich mit euch los? Es wäre doch eine perfekte Gelegenheit einen Nachmittag mit Frau und Kind zu verbringen? Und doch wart ihr nicht anwesend.
Ich habe das Heute am Kinderball bemerkt und festgestellt, wie wenig Väter an diesem Kinderball vor Ort waren. Der Theatersaal war voll, und hochgerechnet waren nur 5 Vä-

ter dabei. Ich finde das Schade, und das bringt mir meine eigene Situation vor Augen. Ich war da, mit meinen zwei Mädchen, mit meinem Vater als Begleiter, aber eigentlich aus einer „verlorenen" Familie. Ich finde das Schade weil ich aus Erfahrung weiss, wie wichtig solche Anwesen für Frau und Kind wären. Oft, viel zu oft habe ich erlebt, wie sich mein Exmann solche Events vermiedet hat. Wie oft musste ich alleine da sitzen und diese bekannte Einsamkeit spüren. Es ist schade weil ich spüre, dass das das Ende einer Beziehung ist. Wer weiss, vielleicht könntet ihr mit eurem Dasein genau eure Ehe retten, oder überhaupt eine Beziehung. Vielleicht wäre genau das der entscheidende Moment gewesen, mit eurer Präsenz das zu retten, was euch Liebe und Zuwendung schenkt.

Ich habe diese Frauen beobachtet, vielleicht weil ich kurz aus der Klinik komme, jedoch hatte ich noch einen klaren Kopf vorher. Ich habe beobachtet, wie sehr sie sich um ihre Kinder kümmern und wie sehr sie ihre Beziehungen zu anderen Frauen so aufrechterhalten. Denn Mutter sein, ohne Beziehung, ist so schlimm wie meine Einsamkeit. Schade, dass ihr Männer euch so sehr auf eure Karriere oder auf eure Arbeit kümmert. Die Teilnahme an so einem unwichtigen Kinderball ist auch fördernd für eure Karriere und in der Ehe, umso wichtiger für euren Beruf als Vater. Ich verstehe auch warum Heute so viele Ehen oder Partnerschaften auseinandergehen. Es sind eben genau diese Details die euch zum Verhängnis werden Am Ende habt ihr euren Erfolg im Beruf, aber die Pflege zu euren Frauen und Kinder ist auf halbe Strecke geblieben. Das wird so weitergehen dass ihr am Ende des Tages nichts wisst

was eure Familie tagsüber erlebt hat, und das Auseinanderleben geht langsam voran, bis es eines Tages ihr nicht mehr wisst, wo es eigentlich angefangen hat.
Und ihr Frauen, werdet bitte nicht wie Kinder! Ihr kümmert euch so liebevoll und mütterlich zu euren und anderen Kindern dass es kitschig ist anzuschauen! Ihr macht einen guten Job, rund um die Uhr, aber genau das übertriebene Verhalten wird eure Männer entfremden. Ihr spricht abends über eure Kinder und was sie für Fortschaffte gemacht haben, kümmert euch nachts um sie wenn sie weinen oder krank sind, habt ihr aber noch die Kraft und Interesse eure Männer anzuhören? Was Sie mit ihren Kunden/Lieferanten oder Vorgesetzten erlebt haben? Dieses Verhalten ist nicht geeignet für eine Partnerschaft, ich weiss weil ich das auch erlebt habe. Obschon ich am Schluss Teilzeit erwerbstätig war, habe ich der Beziehung zu meinem Exmann nicht genug wert geschenkt wie die Zuwendung meiner Kinder. Liebe Frauen! Achtet gut darauf was ihr tut!
Männer und Frauen! Das Leben geht weiter auch ohne die Anstrengungen zum Berufsleben, auch ohne diese Anstrengungen zu euren Kindern! Was macht ihr dann wenn eure Kinder genug gross sind dass sie alleine auf sich sorgen können, wollt ihr denn eure vergangene Partnerschaft wieder aufbauen? Habt ihr das Gefühl das geht reibungslos?

15.2.16/10:30
Jetzt bin ich wieder zuhause, in meiner Wohnung. Ich wollte unbedingt diese Klinik verlassen. Nach 7 Wochen Aufenthalt hoffe ich, mein Leben wieder in Griff zu bekommen.

Dieser Druck war so gross dass ich es kaum aushalten konnte. Diese Überzeugung, dass ich nicht weiterkommen konnte, war fest in meinem Kopf. Und diese Einsamkeit zuhause überwältigt mich, schon wieder werde ich überflutet von diesem Gefühl. Wer weiss, vielleicht wäre ich doch noch in der Klinik geblieben, in diesem geschützten Umfeld. Aber jetzt und hier sind meine Beine bereits müde und schaue aus meinem Küchenfenster hinaus, ich fühle mich alleine.

Ich muss alles wieder zurücknehmen und ich habe bereits die Kleider der Mädchen eingeräumt, werde immer wieder von ihren Anliegen abgelenkt und trotzdem denke ich wie es weitergehen soll. Die Mädchen haben mir viel zu erzählen, und mein Kopf ist bereits voll. Meine Konzentration lässt nach.
Ich wünschte mir es wäre schon Abend damit ich Schlafengehen kann. Es fällt mir schwer den Haushalt zu machen. Es ist bald Mittag und ich muss kochen. Ich muss auch staubsaugen, und trotzdem habe ich das Gefühl dass ich für meine Kinder zu wenig mache. Wie soll ich nun diesen Tag zu Ende bringen? Ich kann nicht schon wieder auf die Hilfe meiner Eltern fragen, schliesslich haben sie 7 Wochen auf meine Kinder aufgepasst.

23.2.16/9:05
Ich bin nun eine Woche zuhause, meine Beine sind so schwach dass ich Mühe habe zu stehen. Ich muss mich immer wieder hinlegen. Ich frage mich was aus mir wird! Wäre ich doch lieber noch eine Weile in dieser Klinik geblieben!

Abends bin ich so müde dass ich bereits im Bett der Mädchen einschlafe. Um neun Uhr falle ich regelrecht auf meinem Bett und bewege mich kaum. Plötzlich bin ich eingeschlafen. Was wäre wenn ich einen/Partner hätte? Was könnte ich ihm anbieten? Meine ewige Müdigkeit, meine Lustlosigkeit? Das würde bestimmt niemand verstehen! Darum denke ich was bloss aus mir werden wird.

Ich stehe zur Verfügung meiner Kinder, mache den Haushalt „Stück für Stück" mit mehreren Pausen, habe keinen Antrieb und keine Lust meine tägliche Post wegzuräumen. Normalerweise lege ich alles in den Ordner ab, diese Gewohnheit habe ich von meinen vielen Jahren als Büroangestellte.

Ja, diese Zeit ist vorbei als ich noch zu 100% in der Industrie arbeitete, als ich stolz mit den Kunden diskutierte oder als ich mit Ihnen Probleme besprechen konnte. Ich reiste sogar einmal alleine nach Ochten, Holland. Dort musste ich vier Tage lang Englisch sprechen. Unsere Mutterfirma hatte mich eingeladen, deren Prozesse kennzulernen. Ja, diese Zeit vermisse ich sehr. Und als ich mit Frankreich zu tun hatte, bei dieser Firma hatte ich mit Verkäufern zu tun und musste täglich mit Ihnen anspruchsvolle Probleme besprechen. Dort habe ich so intensiv französisch gesprochen dass ich abends auf der Rückfahrt nach Hause sogar auf Französisch dachte. Ja, ich war eine qualifizierte Angestellte. Wo ist heute meine Kraft geblieben? Vielleicht sollte ich meine Medikamente absetzen, vielleicht müsste ich mich wieder in diese Arbeit stürzen, vielleicht hätte ich dann wieder Antrieb weil ich Verantwortung tragen konnte. Oder habe ich jetzt zu wenig Verantwortung? Niemand fragt wie es mir geht. Keine Verwandte, keine Eltern, kein Exmann. Geschwister habe ich keine. Nur mein Therapeut.

27.3.16/20:30
Ich fühle mich dick und hässlich. Ich esse abends nur noch Schokolade weil ich es kaum wiederstehen kann. Diese Tabletten, die ich abends einnehmend, machen mich hungrig. Ich stopfe es in mir hinein. Ich fühle mich einfach dick und elend. Wie komme ich aus dieser Situation heraus?
Ich gefalle mir nicht, habe Angst nicht zu gefallen und habe Angst nicht zu passen, oder auf eine bestimmte Situation die passende Antwort nicht zu geben.
Vor ein paar Wochen war ich überzeugt, stark zu sein. Ich habe einem Mann das Herz gebrochen, ja, ich! Dieser Mann kam aus dem Nichts, meldete sich bei mir aus dem Facebook und behauptete, er sein in mir verliebt! Er schickte mir in kurzer Zeit mehrere Nachrichten, Komplimente und Bilder. Er probierte alles um mich zu beeindrucken. Ich war überfordert. Ganz einfach wusste nicht was machen.
Er schickte mir sogar Blumen nach Hause. Es war Mittagszeit und die Kinder waren da. Der Bote klingelte an meiner Türe. Als ich diese Blumen sah, wusste ich sofort, von wem sie waren. Ich nahm die Blumen nicht an und schickte den Boten zurück mit den Blumen.
Ein paar Tage später verabredete ich mich mit ihm, zum Essen. Ich erkläre ihm warum ich seine Blumen nicht an-

genommen habe. Hätte ich die Blumen akzeptiert hätte ich auf diese Weise auch seine angebliche Liebe angenommen. Ich wollte ihn nicht täuschen. Dieser Mann bezahlte das Essen. Er schaute immer wieder in meinen Augen, aber ich fühlte nichts. Ich betonte dass ich kein Interesse für einen anderen Mann habe und dass meine Gefühle wie eingefroren seien. Ich werde sein Gesichtsausdruck nicht mehr vergessen. Eine tiefe Enttäuschung sah ich ihm an. Gleichzeitig spürte ich, dass er als Mensch sehr labil war. Er hatte bereits ein Kind mit einer Frau, aber kein Kontakt mehr zu ihr. Ich spürte Enttäuschung und Leere. Ich weiss wie das ist, ich spüre diese Ablehnung auch, und kann es nicht vergessen. Diese Gefühle sind noch da, aber ich versuche sie zu vergessen weil mein Benehmen sowieso falsch war. Ich bin kein Teenager mehr!

30.3.16 / 17:30
Ich fühle mich schon wieder Mutter Seelen allein, egal was ich mache und egal ob ich mit jemanden zusammen bin. Eine kleine Unterhaltung mit einer Freundin kann mich für kurze Zeit ablenken, aber sofort beherrscht mich das leere Gefühl dass weh tut.
Ich weiss in der Zwischenzeit warum ich das Gefühl habe, und trotzdem habe ich keine Strategie entwickelt das Gefühl zu steuern. Ich vermisste meine Mutter sehr, zu dieser Zeit als ich zwischen 7 und 13 Jahre alt war. Damals wohnte ich bei meiner Großmutter in Italien. Ich wollte nicht auffallen, denn wenn ich auffallen würde hätte ich jemanden Sorgen gemacht. Ich könnte die Situation noch schlimmer machen wenn ich sagen würde, wie traurig

ich war. Meine Mutter war im Bett, sie war manchmal nicht ansprechbar, meine Grosseltern fluchten die ganze Zeit. Immer öfters bekam ich Cynar zu trinken um meine Übelkeit zu dämmen. Ein Schluss genügte. Meine Mutter hätte gemerkt wie angespannt ich war, vielleicht hätte sie sogar gesehen dass ich weinte. Also entwickelte ich eine Strategie dies zu vermeiden. Ich wusch meine Tränen weg und niemand merkte dass das Kind leidet. Als nach drei Jahren meine Mutter wieder in die Schweiz zurückkehrte, weil es ist dann irgendwie besser ging, dann vergoss ich meine Tränen. Ich betete kniend im Schlafzimmer und weinte. Nachts war mein Kopfkissen nass. Meine Grossmutter hörte und sah nichts, ich war gut im Gefühle verstecken.

Meine Grossmutter war manchmal sehr lieb zu mir, sie nahm mich auf ihrem Schoss und sang mir Lieder. Manchmal aber fluchte sie und schimpfte mir nach. Ich erinnere mich dass sie sehr launisch war, vor allem sie stritt regelmässig mit meinem Grossvater. Manchmal drohte sie ihm sich umzubringen. Sie drohte ihm sie würde sich an einem Baum erhängen lassen, und immer ging ich mit ihr überall hin. Wir holten zusammen das Trinkwasser am Ende des Dorfes mit einem Krug aus Ton. Mein Grossvater hatte immer mich Freude mich zu sehen, er war stolz auf mich. Meine Lehrerin erzählte ihrem Mann, der auch Lehrer war, wie gut ich in der Schule war, und dieser wiederum erzählte es meinem Grossvater auf dem Dorfplatz Meine Grossmutter hingegen verglich meine Leistungen im Haushalt. Ich war nicht halb so gut und nicht halb so schnell wie meine Cousine. Diese Cousine war die Tochter ihres Bruders. Sie bemängelte immer meine Leistungen, ich war damals zehn Jahre alt. Ich wusch das Geschirr ab und half im Haushalt. Ich putzte den Boden, räumte auf und half ihr überall im Haushalt. Heute weiss ich warum meine eigene Mutter mich nie lobt und immer meine Tätigkeiten bemängelt. Sie weiss immer alles besser und versucht mich zu ändern weil sie glaubt, wie es eigentlich sein müsste. Ich weiss auch warum ich nie den Wunsch hatte, eigene Kinder zu haben. Ich denke ich weiss warum ich so reagiere, ich möchte die Uhr zurückdrehen und alles anders machen, wenn ich nur könnte!

4.4.16/19:30
Muss ich immer ja sagen um zu passen, oder muss ich immer das erledigen was die anderen erwarten? Ja es scheint mir als müsste ich das machen um akzeptiert zu werden. Der Druck wird gross und grösser und der Rahmen meines Lebens scheint zu platzen, so wie heute, war nur einer dieser Tagen. Ich weinte und weinte und niemand konnte mir da rausholen, ich spürte die Wirkung meiner Cymbalta, die eben nicht mehr da war, und ich spürte diese tiefenleere in mir, diese Hoffnungslosigkeit. Dieses Gefühl jemanden den ich gerne habe, plötzlich verloren zu haben. Diese Gedanken die mich überfallen, waren wieder da, aber ich spürte es und ich konnte es blockieren. Nein, nein! Keine Medikamentenvergiftung mehr! Das bringt mir nicht weiter. Ohne Cymbalta geht es mir schlechter, jedoch spüre ich mich besser. Meine Gefühle sind wieder da, alle! Ich kann losweinen, ich kann laut

schreien und ich kann singen. Ich fahre zigzag mit dem Auto und kann schneller fahren. Ich liebe meine Gefühle, obwohl sie mir mehr schaden als helfen in diesem Moment. Sie bringen mir mein Elend zurück. Es gehört mir!

10.4.16 / 16:30
Ich verstehe das immer noch nicht, aber ich bin einem Mann in die Arme gefallen! Wir lagen beide in meinem Bett und dann passierte es.
Danke Cymbalta dass ich dich nicht mehr schlucke, danke dass meine Gefühle wieder da sind! Obschon ich kürzlich andere Gefühle spürte, die gar nicht angenehm waren.
Eine Kleinigkeit, ein Vorwurf, eine Meinungsverschiedenheit und schon bin ich explosiv, kann laut reden oder bekomme so ein Angstgefühl und eine Erregtheit in meine Brust dass ich gar nicht kenne.
Ich suche eine Entschuldigung für mein Verhalten, obschon ich sagen muss dass ich bereits sehr lange vernachlässigt wurde. Niemand hatte Zeit mich zu begleiten, in den Läden, durch die Stadt, in einem Kaffee. Ich durfte den Kaffee alleine trinken und zuschauen, wie andere gemeinsam reden.
Ich war einfach da, und spreche nicht die körperliche Sehnsucht an sondern das Einfache, das Händchenhalten, das Küssen auf der Strasse, diese Hand die meine Haare streichelt ... Es tut mir sehr leid was passiert ist und doch denke ich, dass mein Körper reagiert hat wie es sein musste. Dieser Mann hat mein Herz geklaut. Wir fanden uns in einer bekannte Internetseite und gingen ein Paar Mal spazieren. Einmal waren wir ganze drei Stunden am Bieler-

see unterwegs. Wir haben geredet und geredet, aberwir haben uns nie geküsst. Dann einmal als er bei mir zum Abendessen eingeladen wurde, durfte er bei mir übernachten. Wir wollten es beide langsam angehen, jedoch ist es anders gekommen.

21.4.16/10:10
Schon wieder musste ich die Erfahrung machen, dass meine eigene Mutter mir schlechte Gefühle einredete. Schon wieder diese Andeutungen, diese unterschwelligen Bemerkungen dass ich meine Tochter einer Tagesmutter anvertraue, einer fremden Frau. Sie schafft es immer wieder dass ich mich schlecht fühle. So rücksichtslos sind ihre Äusserungen, so taktlos, sie gehen mir direkt ins Herz. Ich bin doch keine schlechte Mutter wenn ich zur Entlastung meine Tochter zur Fremdbetreuung gebe. Anders ausgedrückt: was macht diese andere Frau besser als ich? Kann ich mir überhaupt eine Auszeit gönnen? Wir schaffen es andere Frauen die mehr als zwei Kinder haben? Haben sie auch Depressionen oder sind sie kerngesund? Ich glaube langsam dass sich eine Auszeit zu nehmen es fast als beschämend angeschaut wird. Meine Mutter ist noch der Ansicht dass Kinder grossziehen alleine Aufgabe der Mutter ist, und dass ich drei Tage in der Woche nichts zu tun habe als nur zu mir zu schauen. Eine grosse Scham, tausende Vorurteile und das ewige schlechte Gewissen plagen sie. Und was soll Ich denken? Wie gehe ich damit um? Ich kann gar nichts tun, als ständig mir einzureden dass ich es nur gut meine. Ich hasse diese Frau!

Ich weiss nicht ob es ein Segen oder ein Fluch ist dass sich in meinem Leben die Kinderschutzbehörde sich eingeschaltet hat. Aber wenn die Kinder nicht da sind, kann ich atmen. Ich kann nachdenken, ich kann wieder joggen gehen. Und doch, das schlechte Gefühl plagt mich. Habe ich es wirklich so kaputtgemacht? Ich habe es meinem Exmann zu verdanken, als er die Polizei angerufen hat, als ich am Boden lag und von nichts mehr wusste. Eine tiefe Depression, eine Bodenlosigkeit, eine kaputte Ehe, ein Kind mit Autismus. Ich wollte einfach sterben, war mir egal ob Kinder da sind oder nicht. Endlich hatte ich die Kontrolle meines Lebens abgegeben. Ich wollte mich mich einfach von allem befreien.

24.4.16/19:00
Was mache ich bloss? Was stimmt nicht? Sind die Kinder nicht da vermisse ich sie so sehr dass ich immer an sie denken muss und ich habe ein furchtbares schlechtes Gewissen. Jetzt sind sie wieder da, es ist Zeit zum Duschen und sich bereit machen für das Bett, und ich? Am liebsten würde ich alles stehen lassen und ins Auto steigen, einfach davonfahren. Was ist bloss passiert? Sind sie nicht da, vermisse ich sie. Sind sie da, möchte ich sie abgeben! Warum muss ich diese Gefühle haben? Ich starre einfach aus dem Küchenfenster und erlebe schon wieder diese Einsamkeit, die nicht loslässt. Jetzt muss ich wieder meine Kräfte sammeln und fange an zu funktionieren, nehme die Schlaftabletten und hoffe, dass es bald Zeit wird zu schlafen, Ich habe eine Stunde Zeit bis sie wirken, und bis ich wieder Hungerattacken habe.

Und jetzt, zwei Stunden später, frage ich mich: „wars das?"
Ist das alles was mir das Leben anbietet? Noch ein letztes Gute-Nacht-Kuss und schon ist die innere Ruhe eingekehrt. Was für ein Glück dass beide Kinder keine Probleme beim Einschlafen haben! Und wer gibt mir den letzten Gute-Nacht-Kuss? Vielleicht dieser Mann, den ich kennengelernt habe? Er will sowieso nur arbeiten und hat keine Zeit für mich. Aber er ist nicht hier, nicht bei mir. Also geht alles durch meine Hand, mein Leben. Ich habe die Macht, und mein Schicksal. Es geschieht alles aus meiner Hand.

26.4.16/20:25
Alles durch meine Hand, jedes Blatt, jeder Teller, jede Ermahnung, jede Kontrolle ob richtig oder falsch. Ja, die Kinder sind noch nicht selbständig, und diese Situation macht alles noch anspruchsvoller für mich. Oft kriege ich keine Luft denn alles durch meine Hand entsteht. Und ich trage die Verantwortung. Wenn die Kleider nicht passen, oder wenn sie krank werden, wenn sie frech sind oder wenn sie in der Schule zu spät kommen, ich trage die Verantwortung. Diese Verantwortung ist zu gross für mich. Eigentlich sollte ich nur für mich denken, aber ich denke auch für zwei Kinder.

29.6.14/16:00
Warum spüre ich diese Wut in meinem Bauch, warum plagt mich heute diese Aggression in meinem Magen? Ich sehe so traurig aus, alle bestätigen es sogar. Wenn ich mich in den Spiegel anschaue sehe ich ein blasses Gesicht, zwei müde Augen, ein leerer Blick. Aber warum merkt denn

niemand dass ich schreien könnte? Ich hatte heute Morgen genug Zeit. Ich konnte joggen gehen, konnte meine Haare schön glatt föhnen und konnte sogar einen Film anschauen, zumindest während des Mittagessens. Also was fehlt mir? Brauche noch mehr Zeit? Zeit für mich? Zeit ohne Verpflichtungen? Mein psychologisches Test-Ergebnis hat bestätigt, dass meine Aggression plötzlich ausbrechen kann. Also das hatte nicht nur mein Gefühl gezeigt sondern auch diese Auswertung, die ich vor ein paar Wochen gemacht habe. Nur leider kann ich mit dieser Aggression nicht umgehen, oft habe ich das Gefühl ich explodieren wie ein Dampfkochtopf. Ich habe Wäsche gewaschen, bin mehrmals vom 5. Stock in die Waschküche runtergegangen, habe die Post erledigt, war 2x einkaufen, habe in der Wohnung aufgeräumt und habe auch mein Auto gestaubsaugt. Hatte auch einen Zahnarzt Termin. Der Arzt sagte mir, meine Zahnkorrektur sei nun fertig. Also warum habe ich diese Aggression im Bauch? Sollte doch zufrieden sein nachdem ich so viel erledigt habe!
Vielleicht weil ich dieses Wochenende beide Kinder bei mir habe und keine Möglichkeit habe, auszubrechen? Mein Exmann nimmt sie zwei Mal im Monat, nicht mehr und nicht weniger. Oder vielleicht weil ich diesen neuen Mann nicht treffen kann? Nein, vermutlich weil ich mit niemanden reden kann, ja, ich vereinsame!

18:00
Ich sitze da mit zwei Kindern die ich niemals wollte. Ich wollte nur arbeiten, mich beweisen, vorne stehen. Ich hat-

te es sogar geschafft. Aber meine Beziehung war so unsicher, so belastend für mich geworden. Ich konnte diese Last nicht mehr ertragen, zu hören, dass ich zu wenig Liebe gebe. Ich konnte es nicht hören, dass er mich nicht mehr liebt. Ich konnte diese Unsicherheit nicht mehr ertragen, wo er ist und wann er nach Hause kommt. Ich konnte mit dieser Angst nicht mehr leben, was er macht und mit wem er schreibt. Alles war falsch, und habe zulange gewartet.
Und heute? Heute sitze ich da mit zwei Kindern die ich bei mir sind, und ich trage die Verantwortung. Ich muss sie führen, ihnen sagen was sie machen müssen, oder was sie nicht machen können. Was sie bekommen und was nicht. Mit ihnen täglich verhandeln wer was darf und wer nicht. Und mein Leben ist auch noch da. Ich muss mein Leben auch führen, gleichzeitig muss ich meine Lücken in meinem Leben flicken. Und weil ich es nicht im Griff hatte habe ich drei Mal versucht mein Leben zu beenden. Ist es so schwierig Heute zu sterben? Andere Menschen sterben im Schlaf, und ich habe es dreimal versucht und nicht geschafft! Heute bin ich auf fremde Hilfe angewiesen um Ruhe in meinem Leben zu bekommen. Diese drei Tage kann ich nicht geniessen, im Gegenteil, der Druck, das Unerledigte zu erledigen, wird desto grösser weil ich doch diese „freie" Zeit sinnvoll nutzen könnte.
Und am Ende des Tages, so wie Heute, bekomme ich nur noch Frust und Aggression, weil selbst das nicht genug war, weil ich noch mehr brauche vom Allem.

15.5.16/20:10
Es ist wieder soweit, der Tag geht zu Ende, die Kinder schlafen und ich sitze da alleine in der Küche und überdenke was alles Heute so gegangen ist. Ich bin alleine und höre zu, wie der Geschirrspüler läuft, wie das Wasser herumspritzt und wie alles andere ruhiger wird. Noch eine letzte Tätigkeit ins Badezimmer und schon bewege ich mich ins Bett, um alles zu vergessen. Ich hoffe bald einzuschlafen damit ich meine leere Gegenwart vergessen kann.

27.5.16/9:45
Es ist schon wieder soweit. Ich bringe meine 4-jährige Tochter zur Tagesmutter und sie wehrt sich, weint und strampelt. Das sollte zu meiner Entlastung dienen, ja, ich sollte mich heute erholen, zu mir kommen und das ist das Resultat. Ich kann nicht zur Ruhe kommen. Vor rund zwei Jahren wurde bei ihr Autismusspektrumsstörung diagnoziert, sowie ein schwerer Entwicklungsrückstand. Sie ist 4-jährig, aber ihrem Verhalten entspricht eher ein 2-jähriges Kind. Sie kann sich nicht selber anziehen, trägt noch die Windeln, handelt sehr irrational, auf die Strasse springt sie darauf los weil ihr das Risiko nicht bewusst ist. Sie isst nur bestimmte Lebensmittel und kann keine 2-Minuten den Bleistift in die Hand halten. Schneiden und Basteln kann sie nicht und hängt sehr fest an mich. Ich sollte mich heute auf mich konzentrieren, kann aber nicht. Bin gereizt, genervt, sogar entnervt. Denke was bin ich bloss für eine Mutter die ihr Kind zu Tagesmutter bringt? Sogar die ältere Tochter habe ich im Hort Ihrer

Schule gebracht. Heute wäre ein wunderschöner Frühlingstag! Aber ich muss waschen, bügeln. Möchte joggen gehen, sollte aber auch staubsaugen, einkaufen gehen und pünktlich um vier Uhr die ältere Tochter in den Schwimmunterricht bringen.
Ja, wozu habe ich heute die Kinder abgegeben? Damit mir wieder bewusst wird, was auf meine Schulter liegt? Ist das eigentlich nicht eine Zumutung, alles alleine zu machen? Ja, alleinerziehend, mit zwei Kindern. Ich frage mich jeden Tag ob das nicht eine Zumutung ist, vor allem dann, wenn ich die Wäsche und das gekaufte in das 5. Stock tragen muss. Dann frage ich mich ob das nicht zu viel ist, denn ich, ich weiss es nicht mehr. Überhaupt weiss ich vieles nicht mehr, weil ich alleine alles bewältig ohne Hilfe, und wenn ich Hilfe bekomme, fühle ich mich so schlecht dass ich mir wünsche, es doch alleine erledigt zu haben. Was denn? Den Haushalt, das Kochen, das Bügeln, die Zeitungen binden und den Abfall hinunter zu tragen und den Rest, was noch übrig bleibt. Es wird mir einfach bewusst, dass es zuviel ist, zuviel von Allem!

15:30
Ich nehme es nicht persönlich, nein, überhaupt nicht. Ich habe 20 Minuten das Natel in die Hand gehalten und mehrmals geschaut, ob eine Antwort kommt. Dann, als ich zum Auto lief, kam die Antwort: „Sorry, ich habe keine Zeit. Ein anderes Mal".
Ja immerhin wollte ich schon wegfahren, habe mich also richtig entschieden.

Keine Zeit zum Kaffee trinken, überhaupt keine Zeit um ein wenig zu plaudern. Vielleicht verstehe ich das heute nicht mehr wie das in der Arbeitswelt läuft, kann schon sein, immerhin bin ich schon seit anderthalb Jahre nicht mehr erwerbstätig. Aber ich habe auch ganze 22 Jahre schon gearbeitet. Also ich weiss wie es ist, und ich nehme es nicht persönlich, aber das gibt mir zu Denken. Und es macht mich auch traurig, denn ich hätte mir diese Zeit genommen und hätte mit Dir einen Kaffee getrunken. Es sollte mir gleichgültig sein, ist es aber nicht. Diese kurze Nachricht gibt mir zu Denken. Gedanken, die nur ich in meinem Kopf habe und nicht diese Person, die schon mittlerweile anderes macht und mich vergessen hat. Kaffee trinken und 10 Minuten plaudern können den Tag verändern, davon bin ich überzeugt. Können einem Menschen auf andere Gedanken bringen, können motivieren, können sogar den Tag verbessern! Aber egal, ich sitze da, verbringe meinen Tag alleine und schaue zu meinem Fenster die fröhlichen Spatzen an, die zwitschern und das Leben geniessen ohne sich Gedanken zu machen. Meine Kinder werden zurzeit betreut also hätte ich auch mal Zeit auf andere Gedanken zu kommen, aber es hat niemand Zeit für mich in diesem Augenblick. Es erstaunt denn ich kenne nichts anderes. Würde ich jetzt auf der Strasse überfahren werden, wäre ich dann tot und hätte irgendjemand ein schlechtes Gewissen? Es funktioniert ja alles, wozu muss man denn einspringen? Genau diese Kleinigkeiten machen mich heute traurig und es wird mir bewusst, dass das Wort Zeit eine grosse Bedeutung hat. Wenn ich nur mehr Zeit hätte, könnte ich vielleicht schneller gesund werden?

Ich wünsche allen, die das Buch lesen, viel Zeit und auch viele Möglichkeiten, auf ihre Gefühle zu hören und viel Mut, diese umzusetzen. Denn Zeit ist nicht da, um Lücken aufzufüllen, sondern auch da, um viele Veränderungen zu schaffen.

Meine Geschichte geht auch nicht zu Ende, sondern das Geschriebene war nur die Erzählung eines Leidens, dass mich plötzlich überfallen hat. Ich wollte diese Depression nicht, nun aber ist sie da und ich muss damit leben. Ich bin auf dem Weg, mit Höchs und Tiefs, und mit einem Schatten auf meinem Rücken, der mich begleitet. In den letzten Monaten habe ich viele Menschen getroffen, die auch diesen Schatten tragen.

Ich kann euch gut verstehen und ich fühle mich euch.

Unter den vielen Menschen, die ich kenne, widme ich dieses Buch an meine zwei lieben Freundinnen, deren Namen ich leider nicht erwähnen darf. Sie wissen jedoch wen ich meine, sobald Sie diese Zeilen lesen werden. Und ich widme dieses Buch auch an allen anderen Menschen, Frauen und Männer, die ihren Alltag mit der Depression verbringen und die dadurch den Boden unter den Füssen verloren haben/27.08.17

EPILOG
13.2.2018

Einige Monate später weiss ich, dass der Tod nicht mein Ziel ist. Das Leben ist mein Ziel.
Es war für mich schwer zu glauben, aber ich musste das mit Wehmut akzeptieren und Heute bin ich sogar erleichtert zu wissen, dass das Leben mein Ziel ist, und nicht der Tod.
Einige Monate später weiss ich, dass ich nicht sterben soll, nicht jetzt. Und ich weiss dass Gott mich für etwas Anderes gebraucht, dass ich jedoch noch nicht weiss. Das Ziel kenne ich noch nicht, aber das Warten auf das Ziel ist meine Stärke. Er gibt mir Geduld, was ich früher nicht kannte, und er gibt mir Stärke, um es auszuhalten.
Ich werde ans Ziel kommen, mit Dir Gott, und es lohnt sich daran zu glauben. Und die Vorfreude auf das Ziel ist meine Hoffnung. Ich danke Dir Gott dass Du mir zur Depression geführt hast. Ich stecke immer noch drin und nehme immer noch viele Medikamente, aber dadurch bin ich näher zu Dir gekommen. Denn Du sagtest: «Kommet her zu mir, ihr die mühselig und beladen seid, denn ich werde euch erquicken» Matthäus 11.28
Du hast mir ein weiches Herz geschenkt und Du hast mir andere Augen gegeben, um die Menschen richtig anzusehen. Auch danke ich Dir Gott dass Du mir meine Wut und meinen Groll weggenommen hast.

Alle meine Hoffnung setze ich auf Dir.
AMEN

Die Autorin

Ich bin Tochter süditalienischer Einwanderer, die sich in der florierenden Uhrenstadt Grenchen niederließen. Der 19. Juni 1976 war ein warmer Sommerabend, als ich geboren wurde.
Die Depression meiner Mutter hat mich schon als Kleinkind geprägt.
Mein Schulstart in der Schweiz, der Umzug nach Süditalien und später die Rückkehr in die Schweiz haben meinen jungen Jahren beeinflusst. Eine tiefe und unerklärliche Einsamkeit, aber auch meine blühende Fantasie, Bücher zu schreiben, waren meine Begleiter und oft auch meine Rettung.
Die Rückkehr in die Schweiz, mit 14 Jahren, war für mich voller Schwierigkeiten. Nur das Streben nach Mehr hat mir in dieser Zeit geholfen.
Viele Jahre nach der Heirat suchte ich immer noch nach Beständigkeit, Verbleib und Anerkennung.
Als 2014 verschiedene Schicksale mein Leben trafen, erreichte ich einen neuen, unbekannten Tiefpunkt in meinem Leben.
Jetzt bin ich Mutter, Geschiedene und Alleinerziehende zweier Mädchen.

Der Verlag

Wer aufhört besser zu werden, hat aufgehört gut zu sein!

Basierend auf diesem Motto ist es dem novum Verlag ein Anliegen neue Manuskripte aufzuspüren, zu veröffentlichen und deren Autoren langfristig zu fördern. Mittlerweile gilt der 1997 gegründete und mehrfach prämierte Verlag als Spezialist für Neuautoren in Deutschland, Österreich und der Schweiz.

Für jedes neue Manuskript wird innerhalb weniger Wochen eine kostenfreie, unverbindliche Lektorats-Prüfung erstellt.

Weitere Informationen zum Verlag und seinen Büchern finden Sie im Internet unter:

www.novumverlag.com